U0927476

失败课

THE FAILURE LESSONS

1000个初创项目换来的6步思维

周磊 / 著

图书在版编目（CIP）数据

失败课 / 周磊著. —长沙：湖南文艺出版社，2018.1
ISBN 978-7-5404-8298-5

Ⅰ. ①失… Ⅱ. ①周… Ⅲ. ①企业管理 Ⅳ. ① F272

中国版本图书馆 CIP 数据核字（2017）第 219353 号

上架建议：经济 · 管理

SHIBAI KE

失败课

作　　者：周　磊
出 版 人：曾赛丰
责任编辑：薛　健　刘诗哲
策划机构：创研社
监　　制：毛闽峰　赵　萌　李　娜
特约策划：董　鑫
特约编辑：邱培娟
营销编辑：杨　帆　周怡文
封面设计：利　锐
出版发行：湖南文艺出版社
（长沙市雨花区东二环一段 508 号 邮编：410014）
网　　址：www.hnwy.net
印　　刷：北京天宇万达印刷有限公司
经　　销：新华书店
开　　本：880mm × 1270mm　1/32
字　　数：131 千字
印　　张：8
版　　次：2018 年 1 月第 1 版
印　　次：2018 年 1 月第 1 次印刷
书　　号：ISBN 978-7-5404-8298-5
定　　价：36.80 元

质量监督电话：010-59096394
团购电话：010-59320018

从 0 到 1 是最艰难的过程，那些没有深度思考能力的项目团队注定会失败。

—— 徐小平

目录 THE FAILURE LESSONS

PREFACE 1 | 前言一

为什么叫《失败课》

不耻失败，来日方长。

这本书的全部内容和观点，均来自实战，来自我所经历、服务和接触的上千个项目案例，而几乎所有的项目都有血淋淋的失败教训（包括我自己的项目），即便项目最终拿到了下一轮融资，甚至上市或盈利丰厚，走得更远，但更多的（接近90%）已经失败或转型做其他方向。

成功不可复制，失败可以避免，我们通过罗列失败的情形去避免失败，或许很具备实操性，却可能无法让大家真正获得提升。因此，我想，能否从失败的情形中抽象总结出一些思考的方法，而不是试图找到具体的如何避免失败或者如何走向成功的那种按部就班的行动指南。

这就是“六步思维”的起源。

一套从各种失败、教训中总结提炼出的思维框架，试图结合当前越来越被创业者看重的资本思维，在创业项目的构思、启动、试错、升级、转型等关键决策点，给创业者尽量避免“重大失败”的思考起点和方向。

马云说：“我越来越意识到，不是每个人都能成为企业家，企业家需要天赋，还需要时间训练、打磨。在座的包括我在内都犯了无数错误，是错误让我们走到今天。”

因此，即使遇到一次失败，如果用恰当的思维方式去分析理解，六步通关、走向成功的概率也会更大。与大家共勉！

愿正读《失败课》的每位创业者都能到达成功的彼岸。

周磊

2017 年 6 月

于北京中关村创业大街

PREFACE 2 | **前言二**

深度思考比勤奋更重要

因为做创业服务工作的关系，我需要天天跟创业者与投资人交流。我很喜欢跟他们一起去思考创业过程中遇到的问题，也经常给他们提供一些力所能及的帮助，尤其是帮他们一起梳理逻辑、明确定位、优化路径。

2015年6月28日，清华大学经管2013级MBA班组织了一场交流活动——《打开创投的黑匣子》，我因为一位用户的推荐，被邀请去做分享嘉宾。

看到活动的主题，我就琢磨聊点什么会对这些MBA班的同学有价值。他们当中的很多人都准备创业，有的已经开始创业，而且大部分创业方向都计划融合互联网，也想跟资本结合。

他们跟我日常工作接触的初创团队也有很多类似之处，这个阶段的主要问题会是："创业做什么？""做这个方向还是做那个方向？""怎么筹划第一步？""怎么搭建创业团队？""怎么跟投资人打交道？”“为什么我的项目融资不顺利？”等。

市面上指导创业实战的课程很多，尤其是与“精益创业”相关的，确实在实战过程中很有参考价值。不过，“精益创业”主要定位于帮助创业者在资源耗尽之前系统性地将A计划（最初的方案）循序渐进地改良成一个真正可行的方案，是一套行动方法，是关于“做”的迭代方法。而创业者避免不了在“做”之前要“想”，行成于思，先想好关键问题再动手，盲目地试错其实是没必要的。

我想，能否挑战一下，借这个交流机会，小结一个相对系统性的思维和分析框架，帮助这些MBA班的同学自助分析自己的创业项目？

因此，我决定把之前工作过程中的体会和实践的方法整理一下，最后写成了名为《创业从0到1阶段六步分析法》的PPT，并在清华MBA活动中进行了分享，意外地获得了好评，在场几十位同学都认为，这套分析法有价值、有干货，值得深入学习。

这次活动是一个机缘，之后，我就把这个PPT写成更详细的团队内部培训资料，让团队每一个人在服务初创项目的过程中，进一步地验证和实践这套分析方法，让这套分析方法不断地丰满和沉淀。

2016年1月21日，我受邀在中科院CAS LAB（中科院实验室）做《创业从0到1阶段六步分析法》的分享，这次荣幸地遇到了“创研社”的总编辑。活动后，跟总编辑交流，他觉得这套方法对其他创业者应该有价值，鼓励我把这套分析法出版成书。

六步思维就如同一个初创产品一样，从诞生开始就在不断地优化，但是，有**几个基本的原则**一直在坚持：

1. 这是一套自成体系的框架性思维方法，主要针对从0到1阶段的创业者，用于系统性自我诊断和分析关键问题；

2. 力争有现实的指导价值，用案例启发思考；

3. 力求简单清晰，符合自然的思维习惯，容易实际应用；

4. 兼容早期投资人的思维方式，容易对接投资人的语境，能用于辨识种子或天使阶段融资过程中的关键问题；

5. 自然规避一些创业误区，鼓励创业从价值创造

的初心出发。

这几条原则，也贯穿在本书的写作过程中。

不过，创业本来就是一个创新、创造的过程，并无定法。本书中阐述的六步思维的思维框架，并不是一套严格的公式，希望每位感兴趣的朋友在理解的基础上灵活运用。

同时，我也希望借此机会抛砖引玉，收集更多的反馈，让这套分析方法更成熟、更缜密。

非常愿意跟创业者交流从0到1阶段的问题，如有需要，可关注微信公众号“创业街的Peter周”直接与我交流。另外，本书如有错漏，也请及时联系我加以修改。

周磊

2017年2月

于北京中关村创业大街

第 1 章
CHAPTER ONE

创业，你被误导了吗？

为什么初创项目发展顺利或融资成功的概率是个位数？

为什么说创业者为融资而写 BP、为融资而做产品是被误导了？

1.1　论创业成功率？抱歉，只有 5%

2015 年，我及我们团队成员一对一地接触了不下 1000 个创业者。在跟创始人一起探讨项目时，我们都会把本书所述的六步思维作为基础的分析和判断框架，帮助创业者诊断和梳理项目的问题。

年底的时候，我们做了一个小结，把这六步当作六关，按顺序依次过关，如果这步有问题就算这关没过，计算剩下的项目比例。

经估算，这 1000 多个项目的统计结果如图 1–1 所示。

第一关刷掉了 15%，留下 85%；第二关留下 30%；第三关留下 20%；再依次为 15%、10%、5%。

而如果能过了第六关，按照六步思维，说明这个初创项目

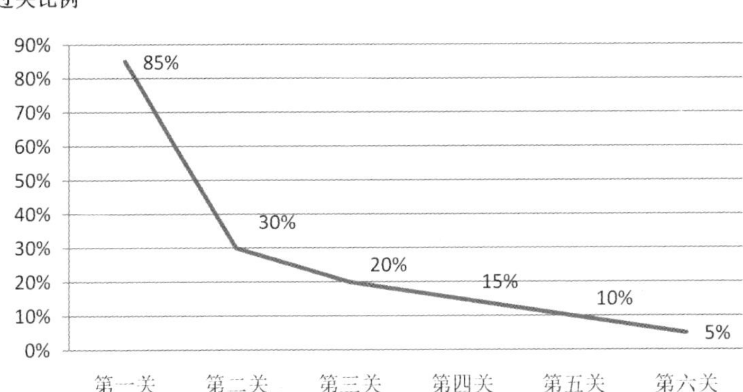

图 1–1　1000 个初创项目过关比例

很健康，应该能比较顺利地完成从 0 到 1 的过程，或者如果想融资，也会比较顺利。

能通过六关的比例在 5% 左右，这个跟我们从其他渠道（比如用百度搜索“创业成功率”）获知的创业项目获得投资或发展顺利的比例比较接近。

最开始我怀疑这些样本不具备代表性，只能说明我们接触的那部分创业者的情况而已，毕竟有一些很好的项目没在这个接触范围内。

后来做了一定的统计分析，我们发现这些创业者分布的范围还是比较广泛的。年龄最小的刚 20 岁，最大的已经过了 60

岁；有的身无分文，也有的已身价数亿；职业覆盖学生、互联网高手、投资人、传统老板、保安等；大部分人在北京，也有不少人在其他省市，还包括几个从海外留学归国的人。

行业分布也非常广泛，请见图 1–2 所示。

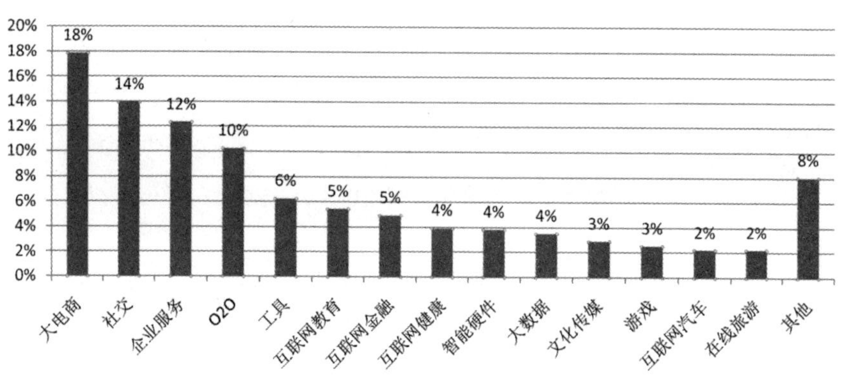

图 1–2　1000 个项目行业分布情况

因此，我们认为这 1000 个项目也反映出了整个创业群体的一些问题。

归类分析这些问题的原因，我们找到了一些大的结论，总的来说，有几种情况：

1. 被误导了；

2. 玩票的；

3. 真心创业，但没想透、没想明白，有一些必须解决的短板。

我没有把不适合创业作为原因，在我看来，创业是一个大的概念，不是说走跟资本结合的道路就是创业。踏踏实实开一个饭店、做一个淘宝卖家、开个小卖部等也属于创业。因此，不适合创业的人，我认为更多的是没有找到适合自己的项目和方向。

本书所述的六步思维，适合分析跟互联网相关，尤其跟风险投资相关的初创项目，拿来分析“一个饭店如何开好”会比较绕。

被误导和玩票的创业者的问题，不能直接通过六步思维来分析和梳理，必须先让创业者理解哪里被误导了，排除掉玩票的心态，回到一个对创业正确的认识上才行。因此，下面我们先聊聊这两种创业者。

1.2 创业者，别被投资人误导了

无论是通过朋友介绍，还是在投融资对接会上认识，还是在咖啡馆偶遇，初创项目创业者找投资人融资，一般一上来被问到的第一句话就是："你有商业计划书（BP）吗？"

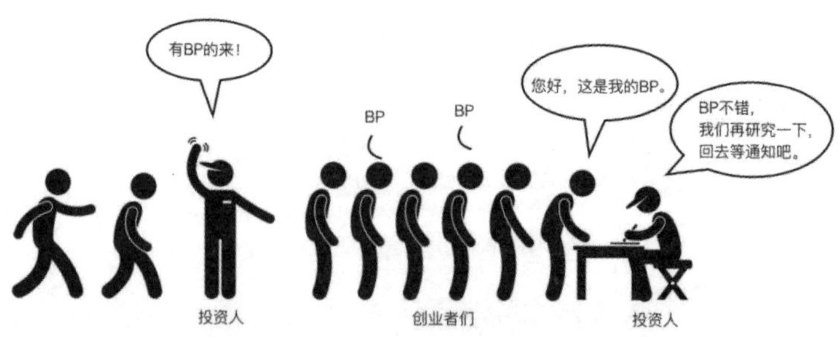

图 1–3 拿 BP 见投资人

能够第一次见面就坐下来跟你好好聊聊的投资人太少了，因为他们确实很忙。因此，商业计划书好像成了创业第一个应该准备的东西。

好在现在网络很发达，各种 BP 模板满天飞，找个漂亮的、看起来还不错的，把内容一项项填上，各种畅想、概念、理论、宏观数据一堆，看起来是好高大上的一个项目。投资人你如果错过了别后悔，就如同错过了马云一样。

等把攒的 BP 发给可能感兴趣的投资人，参加各种路演活动后，得到的反馈往往又会到下一个阶段："你的产品怎样了？产品开发出来，我们愿意再看看。"

开发产品又被当作创业的第二个事情。

耗尽积蓄，开发一堆想象当中的功能，看起来很完美，可是，最终投资人还是不买账，又会被问到运营数据、团队构成以及财务预算，等等。

这个时候，很多创业者开始着急了，愿意赌一把的，会继续扛着；不敢继续的，基本到此就开始考虑放弃或转型。

这是一个非常普遍的被误导的过程！

我们先来看看一个投资机构进行项目评估的流程。

一个人员配置完整的早期投资机构，往往由投资经理助理、分析师、投资经理、投资总监、管理合伙人（GP）、有限合伙人（LP）等组成。LP 是投资机构管理资金的出资人，不参与项目投资决策过程。因此，最高投资决策机构一般是由 GP 及其他高级别员工（如投资 VP）组成投委会，由投委会对是否投资一个项目做出最终决策。

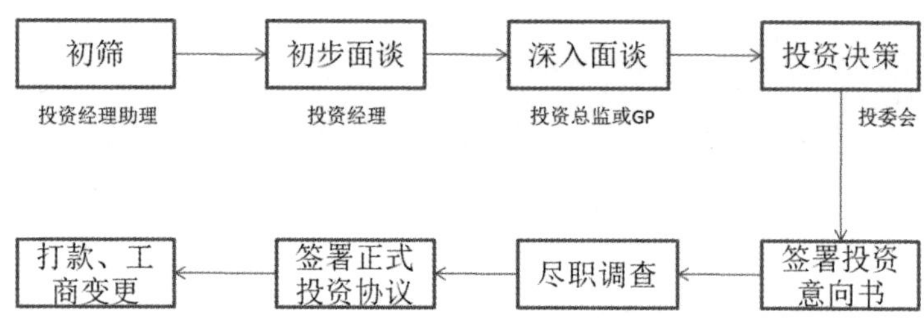

图 1–4　一个初创项目的标准融资历程

因此，如图 1–4 所示，当一个机构的网站或邮箱收到一封 BP 的时候，一般都是由投资经理助理进行筛选，主要评估一些比较硬性的条件（如是否在机构关注的领域、项目阶段、融资规模等）；之后再由投资经理约面谈，了解创始人、产品、运营等现有阶段的情况；如果也还不错，则由更高级别的如投资总监或某个管理合伙人来进行更深入的沟通交流（如逻辑通不通、关键创新点、团队优势和短板、融资目标及财务计划等），并做出是否写报告上投委会的判断。如果上会，则整理出更详细的项目情况，递交到投委会上投票表决；如果决定投资，则向创业者发出投资意向书（Term Sheet）；创业者接受后，将进入尽职调查阶段，并在调查后决定是否签署正式的投资协议；之后再完成打款、工商变更等手续。

有的投资机构比较小，可能没有这样完整的岗位配置，投资经理可能干了前面几步的事情。作为创业者，需要了解的一点是：真正的决策人是管理合伙人以及投委会。

从这个流程中可以看出，站在投资人的角度，每天需要筛选项目，他们已经习惯性把 BP 当作第一个分析和评估的对象。很多创业者因为没有接触过投资人，或者很少接触到实质性的阶段，只是耳濡目染，或在创业相关媒体上看到各种资料，很容易把“要融资，先写份 BP”“要融资，先做出产品”逐步演变为“要创业，先写份 BP”“要创业，先做个 App”。

这两类被误导的创业者所走的创业过程往往如图 1-5 所示，幸运的，在这个过程中收集了大量的项目反馈，确实调整为一个靠谱的项目逻辑，但是更大比例的会逐步被带入泥沼。虽然每次跟投资人交流都会有所收获，然后决心再往下做一步，但之后再找投资人沟通的时候，投资人又提出了新的问题，在用自己的资金苦苦支撑之后，项目不得不停止。

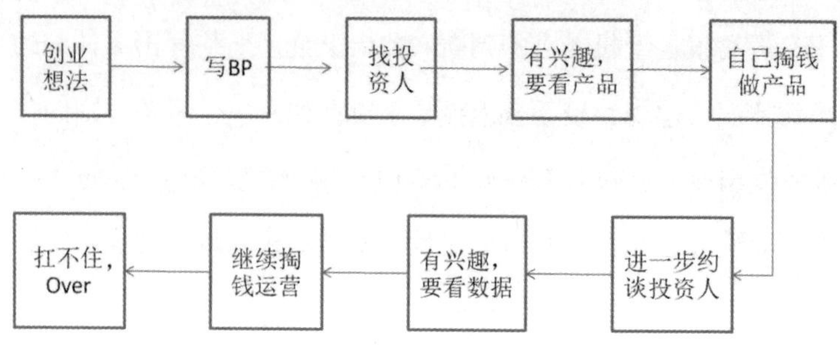

图 1–5　拿 BP 找融资被误导的过程

创业者如果被投资人的工作流程牵着鼻子走，很容易走上这个被误导的过程。创业者应该经历的初创阶段，与投资人对初创项目的投资评估过程，出发点是完全不同的。

先要 BP，再看产品、团队，再看看运营起来的情况，这只是投资人的一般评估流程。而创业本身可不是这样的先后顺序，创业流程如图 1–6 所示。

投资人对我们不断深入的跟进和要求，只是从投资决策流程出发，逐步找到那些促使做出决策的点。契合这些点的合理的创业过程应该是什么样，他们并没有义务帮创业者去设计。有的投资人根本没有创过业，也根本不懂怎么帮创业者去设计。因此，他们所提的建议从最终要拿到投资的角度来说有道理，但是，并不能直接指导创业过程。

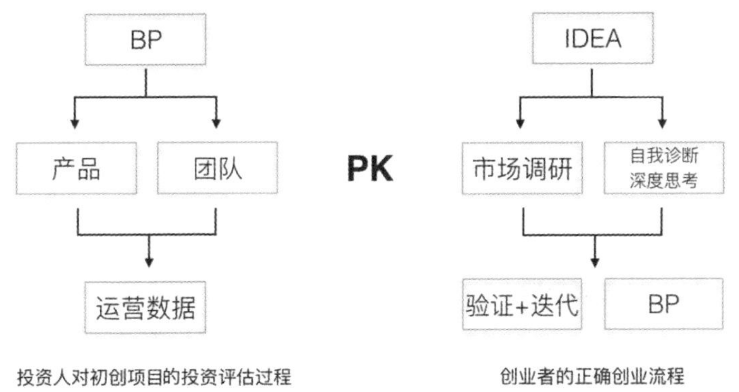

图 1–6　投资人与创业者的不同视角对比

因此，我建议创业者努力建立自己的判断，对项目是否健康、是否靠谱、是否创造价值，要有自己的评价标准，而把投资人的每步评估过程，作为参考。创业过程应该做什么样的调整，还是需要依赖自己对项目全面、深入地了解，做出决策。

1.3 拿到投资 = 创业成功？非也！

如果你经常穿梭于创业咖啡馆，会发现有一些人几乎天天都在，对每一个过来的投资人都报以极大的热忱，去推销自己的项目。但是，几个月过去了，你再去的时候，发现他还是一个人在那里，不过，项目可能换了。

这类创业者跟上文所述的被误导的创业者不大一样，他们坚信先拿到投资才是硬道理，坚决不会先拿自己的资金去探路。

在 2015 年与我们一一沟通的 1000 位创业者中，也有小部分属于这一类。他们属于典型的“to VC”的玩票型创业者，能忽悠到投资人的钱才是真正的追求，并把融到资视为创业的关键成就。

因此，在这类创业者眼里，“创业 = 融资”。为了搞定融资，他们会追逐不断冒出的新热点，把对项目 BP 的包装当作一种本领，把唬住投资人当作努力的目标，可是，唬住了投资经理，能唬住后续的所有决策人吗?

事实上，投资人一年接触的项目数以千计，他们很容易识破各种包装手段，即使前面的环节识别不了，后边的投资决策环节也会把漏洞补上。就算投资人也跟着当前热点投了资，他们拿到了投资款，可是这些资金不管多少，又不能进自己的腰包（如果天真地认为拿到投资后可以任意挥霍，请先百度搜索正式的投资协议研读一下）。如果最终项目无法正常运转，浪费的是谁的青春呢?

诚然，拿到投资，尤其是正规投资机构的投资，确实可以代表一种专业的资本渠道对项目的认可。不过，以应试教育的心态去把拿投资作为创业的门票，则是没必要的。

除了获得资本的肯定，如何去判断一个项目是否有大的问题，是否是值得一做的事情，确实是现在创业者面临的非常刚性的需求，这也是我们总结“六步思维”的原因之一。

资本只是创业的催化剂，六步思维更关注的是创业本身，更关注评估创业项目是否能获得市场及客户的肯定，是否能作为一个独立的组织运转起来。

1.4　创业是自己的事，你需要自我诊断

排除掉玩票的，纠正了被误导的，那剩下的绝大部分创业者，算是真心踏实“创业”的人了。

虽然这些创业者的项目问题也很多，但是，这些人无论经验背景是什么，无论当前处在什么阶段，在我看来，项目的各种问题基本都可以调整，逐步去解决。关键在于创业者有没有一种好的思维框架和冷静的心态去分析产生问题的根本原因，并下定决心去解决问题。当然，有时候也需要极大的勇气，比如有的可能需要放弃当前的方向，有的可能需要快速调整项目的玩法，有的可能需要从根本上去调整团队结构，等等。

对一个真正的创业者来说，学习和调整应该是常态，因为创业者就是有梦想、爱折腾、追求自我实现的一群人。我在接

触他们的过程中，能感受到这群人有强烈的学习欲望、勇于挑战自己的决心，以及克服困难的毅力。而他们普遍都缺乏一个东西：**没有一个系统性的思维方法和项目诊断框架。**

没有系统的思维框架，项目的好坏只能依赖于投资人的判断，或者市场 / 用户的直接反馈，或者是各路朋友的不同看法。这样带来的影响会是，各种不同角度的信息，甚至相互矛盾的信息被汇总到创业者面前，怎么去过滤、分析以及深入挖掘有价值的东西，则完全依赖创业者个人的思维习惯、经验阅历了，最终的结论将带有比较明显的主观性。

用好的思维框架去判断一个项目的时候，应该尽量客观，是自己诊断，还是别人帮忙诊断，还是大家一起诊断，结论不应该有太多的差别。因此，思维框架的客观性很重要。

“六步思维”就是一个定位于系统性地帮助创业者分析诊断初创项目的思维框架，客观性是其追求的基本特点。每个人用这套分析方法分析同一个项目，应该会得出相似的判断和结论，只是这些判断和结论在深入程度上有差别，在细致程度上有差别。

思考 & 自我诊断

1. 我有哪里被误导了吗?

2. 我的创业动机与心态是怎样的?客观列出项目存在的问题。

CHAPTER TWO

从0到1，蜕变与生长

创业到底是什么？

是赚钱，是满足用户需求，还是实现个人梦想？

什么是创业的从0到1？

如果是我自己对初创项目进行分析诊断，我可能就直接跳到六步思维进行分析了。通过书的方式将这个分析框架写出来，是为了帮助处于从 0 到 1 阶段的创业者去对项目进行自我诊断，因此，有必要先就一些基本的观念达成一致。

首先来看看创业到底是什么，再来看看什么是创业的从 0 到 1 的阶段。

2.1 创业，赚钱和创造价值哪个更重要？

酷 6 网创始人、中欧商学院兼职教授李善友，写过一篇博文《什么是创业？》，列出来几十个人对创业的不同理解，比如：

“创业是为了掌控自己下半生的命运。”

“创业就是自己做老大。”

“创业是一种精神病。”

“尽量做好一件事的过程，困难的开始，纠结的过程，到处充满未知的结果。”

“创业是一种生活态度。”

“1. 创立新的企业；2. 创新产品或服务。”

“创业就是要改变自己的命运，不再做金钱的奴隶，而要让金钱为自己工作。”

“创业就是创业者实现其思想价值和社会价值一往无前的行动过程。”

“创业就是创办商业实体，赚取利润。”

……

这些跟我日常询问创业者时得到的答案类似，有各种不同的角度、不同的出发点。

在应用“六步思维”的时候，我们建议把创业理解为——**打造一个为目标用户持续创造价值的有机系统**。如图 2-1 所示。

投资人最终投资的是这套有机系统，而团队只是这个有机系统的一个部分，往往互联网的相关创业项目有个非常重要的特性

创业是
打造一个
为目标用户持续
创造价值的
有机系统

图 2–1　创业是什么?

就是，项目的价值最终大部分都沉淀在互联网产品里。

这是跟传统的项目很不一样的一点，举个例子：

程维作为创始人，创立了滴滴打车，截至 2016 年 2 月，滴滴已经达到了估值 200 亿美金的规模。如果他现在离开滴滴，重新开始，再继续做一个打车的项目，按道理，他的个人能力比最开始创业时强大很多倍了，但是，新的打车项目应该没有成功的可能了。因为他个人能力再强，也无法对抗滴滴整个有机系统的强大。

也就是说，初创阶段投资一个创业者的主要原因在于，相信这个创业团队可以打造起来这个有机系统，一旦这个有机系统良性运转，创业者的能力逐步转移到这个有机系统里，这个时候即使创始人离开，有机系统的价值也可以延续下去。这是一个有机系统的理想状态，就是不再过分地依赖某个人。

> 苹果公司的乔布斯去世之后，虽然在创新上被外界认为受到一些影响，但是，从总体上来看，苹果公司这个大的有机系统还是良性运转的。

因此，我们去思考创业的问题，应该客观地去看：这个有机系统到底是什么领域？运转逻辑是什么？怎么样冷启动？怎么样持续良性运转？等等。

2.2 从 0 到 1，看似一步之遥

彼得·蒂尔（Peter Thiel）在《从 0 到 1》这本书里写道，他认为人类社会进步有两种方式：

1. 横向发展，也就是从 1 到 N 的过程，复制并优化社会已有的某种模式并将之规模化，在这个过程中企业获得利润，社会得到进步；

2. 纵向发展，也就是从 0 到 1 的过程，通过不断试错，发明全新的模式或产品的过程。

在彼得·蒂尔看来，创业公司要做的事情就是从 0 到 1 的事情，是一种垂直或深入的进步。

我们知道，在所有的创业项目中，真正能算到这种意义的从 0 到 1 的项目比例非常低，更多的还是部分的创新或已有模

式在新市场的应用。

因此，本书所述的从 0 到 1 不是指创业项目的类型，而是指任何一个创业项目的从 0 到 1 的过程。

如果问创业者怎么理解“从 0 到 1”，一般会得到以下几种不同的回答：

有人说，“从 0 到 1”就是一个创业项目从准备好到开始面向市场的过程；

有人说，“从 0 到 1”是创业项目种子和天使阶段，到 A 轮应该就是从 1 到 N 了；

有人说，“从 0 到 1”就是想法变成产品的过程；

……

这些理解都有各自的道理，在这里，我们分析另一角度的理解，这个理解可能更容易让大家找到一种直观的创业目标。

首先来看，“0”好理解，就是一个项目啥都没有的阶段，比如刚开始有一个想法。

那关键需要理解“1”。我们换个角度来看。

其实，1 是一种感觉！

一种什么感觉呢？如图 2-2 所示，“1”其实是一种临界点的感觉。

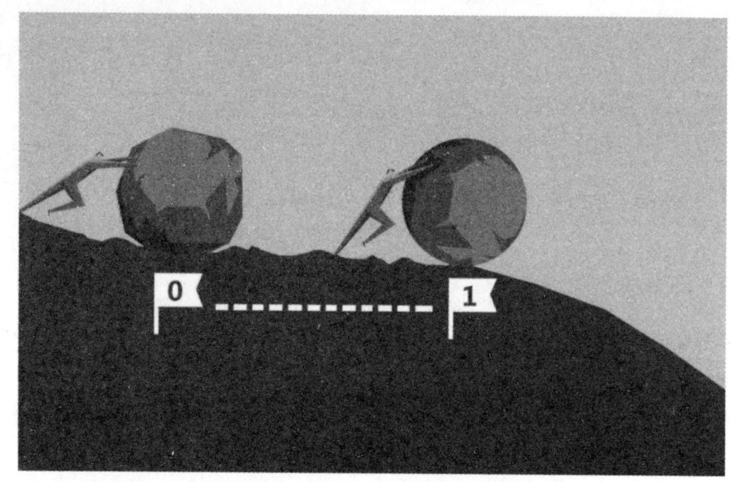

图 2–2　创业从 0 到 1 的示意图

创业项目的产品闭环、商业模式相当于石头，而团队是推动和打磨石头的人。最开始石头既不规则又沉，道路也崎岖不平，团队要非常费劲地推动石头往前走，在这个过程中，团队不停地打磨自己的产品，不断地克服外界的各种阻力。

随着大家的努力，石头越来越圆，外界的各种障碍也逐渐被清除，终于有一天，你突然发现，客户越来越多地催促："你们应该把这个功能实现一下。""你们的网站访问速度太慢了，能不能多买几台服务器？"……不知道从哪里冒出来的意向合作者反馈说："你们在 ×× 地区的知名度太低了，应该打打广告。”“如果来我们这边发展，我来代理。”……员工可能也有越来越多的声音：“Boss（老板），我们部门要再招几个人了。”“Boss，那个决策要快点做了，客户一直在催呢！”……

这是一种感觉：我们越来越觉得客户、合作伙伴、员工在推着我们走。如果有了这种感觉，就是在“1”的临界点了。

很多成功项目的创业者复盘自己的创业过程，都曾经有过这样的一个明显的感觉转折点。这个转折点代表了产品、商业模式与用户、市场环境形成了一个良性互动循环，形成了正反馈。这个反馈已经完成了第一个闭环，开始形成自我加强的推动力，产生了一种想加速推动这个循环的内在力量。

从这个时刻，我们即将开始从 1 到 N 的新征程，所需要面临和解决的创业问题也将大大不同。而本书主要探讨从 0 到 1 阶段的自我诊断以及问题识别方法。

在 1 之前应该做什么？

从 0 到 1 虽然只有一步之遥，但是创业最艰难的第一步，在这个过程中，无论是产品闭环、商业模式还是与市场的磨合，都需要不断地验证和迭代。“验证”就是在市场上实战、克服阻力、与利益相关角色互动的过程。“迭代”就是在验证的基础上不断试错、优化、改良、更新的过程。

以智筹为例。智筹定位于互联网高级人才的一站式直租平台，通过“以租代雇”的模式解决创业团队挖不到高端人才的难题，咨询顾问、临时用人、长期非全职合作等智力服务交易，都可以在智筹上完成。总体来说，智筹仍处在从 0 到 1 阶段，在这个过程中，整体模式还在不断地验证和更新。

最初智筹主推“股权支付”，但随着线下对接的展开，发现现金的存在是非常必要的，既是对人才的基本保障，又是对创业者诚意的考量。随后，改进为主推“现金 + 可溢价回购股份”的支付方式，获得了用户的广泛认可。这就是对模式的不断修正。

一句话总结从 0 到 1 阶段要做什么：产品、商业模式在市场实战中不断验证和迭代，在验证后依据各方面反馈进行深度思考，以判断我们是不是走在一个正确的“从 0 到 1”的过程中。

2.3 切忌盲目试错，先用六步思维诊断一下

虽然我们都很期待“1”的感觉，但是，不经历从 0 到 1 的过程，是无法直接获得“1”的。因此，创业过程如果迟迟未有这种“1”的感觉，一直都是团队苦哈哈地推着项目往前走，不推就感觉止步不前，甚至后退，那一般可以理解为从 0 到 1 的过程中有一个或几个关键步骤出现了问题。

创业过程中发现问题需要自我诊断时，“从 0 到 1 的六步思维”就能派上用场。处在 idea 阶段准备创业时，同样可以用六步思维进行自我诊断。

通过这套分析法，可以简单清晰地对整个项目的关键问题进行整体思考，包含如何判断创业方向、如何设计价值创造逻辑和商业模式、如何明确第一步切点、组建一支什么样的团队、

如何应对市场竞争、如何融资。

也就是从“方向、逻辑、切点、团队、竞争、融资”六点分析，基本上就能完成对一个初创项目的关键问题的自我诊断。如图 2-3 所示。

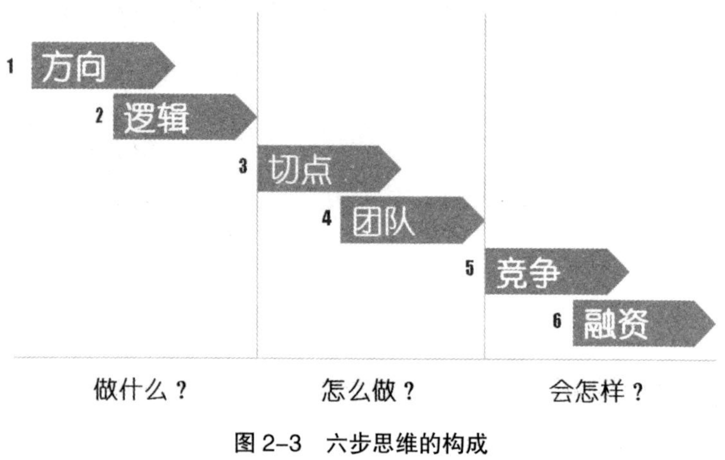

图 2-3 六步思维的构成

“方向、逻辑”是深度分析项目在“做什么”的关键问题；“切点、团队”是深度分析项目“怎么做”的关键问题；而“竞争、融资”则是深度分析项目如果按照前面几步那么做的话“会怎样”的问题。因此，在这六步分析过程中，关注了项目本身、实现的过程和最终的结果。

现在每个人都会认可空想是无法创业的，要创业一定要靠实战，在实战中摸索、调整，不断地试错，不断地完善，甚至转型。

不过，我看到更多的情况可能是盲目地摸索，即使是得到投资人的建议——**往前跑跑看看**。因为，做出这样建议的人不一定真的深入帮助创业者分析了项目的根本问题，不一定形成了全面的判断。建议往前跑跑是一个既不会让创业者感觉被拒绝，又不用让自己承担责任的方法。

当然，我也见过不少负责任的投资人，他们会站在创业者的角度，帮他们进行系统性的分析，然后指出一些可能的问题和选择，最后也一定是交给创业者自己去决策，如果结论是再试试，也可以知道是为了试什么。比如是为了进一步确认用户的需求，还是测试是否能跑通、产品是否真的解决了用户问题、运营方法是否能复制，等等。

因此，创业者不要盲目去试错，“**深度思考比勤奋更重要**”。在创业构思阶段或从 0 到 1 的过程中，试错是一个感知用户需求、了解市场、磨合产品服务的过程，因此，一个重要的价值是获取信息和反馈，拿到了反馈之后，需要创业者对信息进行深度加工，不断地把关键问题看清楚、想明白。看得是否足够深入、透彻，就体现了创始团队的眼界、洞察力和穿透能力。有眼光的种子或天使投资人为什么敢于在创业者只有 idea 的时候就给投资，原因就在于创始团队把这个 idea 的关键问题都想透了。

因此，我们所说的 BP 只是对创始团队已经思考透彻的 idea 的一种呈现，不是八股文，具体需要写什么内容、不需要什么内容，完全在于是不是能把这个 idea 的关键问题讲清楚。在 BP 之外，投资人需要看产品，实质需要的是 idea 更直观的体现，是对创始团队是不是真想透了的验证；需要看运营数据，则是对产品是否真的跟市场需求对路进行验证。

如果每个步骤都已很透彻，经得起推敲，早期投资人就敢于跟您一起赌从 0 到 1 的过程，而无须看产品和数据。

六步思维是一个帮助创业者在从 0 到 1 阶段深入思考的结构性方法论，如果每个步骤用一个问题来概括的话，就是：

第一步，方向好不好？

第二步，逻辑通不通？

第三步，切点行不行？

第四步，团队够不够？

第五步，竞争大不大？

第六步，融资成不成？

这是一个结构化的从粗到细、从想法到落地、从战略到战术的过程。接下来，我们就来看看如果要自我诊断和分析，怎么来一一回答这些问题。

思考 & 自我诊断

1. 我的创业项目是在打造一个持续为目标用户创造价值的有机系统吗？为什么？

____

____

____

2. 我的项目达到“1”的状态了吗？

____

____

____

第3章
CHAPTER THREE

方　向

为什么投资人经常问“你做什么方向”而不是问“你做什么项目”？

抓住痛点的项目就是好项目吗？

发现了一个刚需，就值得做吗？

方向“好不好”？

85% 通过第一步“方向”验证

- 避免选择没落的行业和形态。
- 避免选择价值空间很小的领域。
- 研究相关因素发展趋势。
- 需求：刚性、独立、直接。

顶级的创业者看透未来10年后的趋势；
优秀的创业者找寻5～10年内的热点；
一般的创业者哪里有风口往哪里飞。
如果没有对趋势的判断力和预见力，那就做个赚钱的生意人吧。

本章案例索引

1. 360
2. 猎豹
3. E洗车
4. 开锁项目
5. 某视频搜索项目
6. 去哪儿
7. 法天使
8. 某汽车金融项目
9. 京东
10. 今夜酒店特价
11. 某大学筛选项目
12. 百度

方向意味着我们的创业项目大概往哪个领域、哪个行业、哪种趋势走。与具体的目标用户群、痛点的分析角度不完全一样，衡量一个创业方向好不好，可以从四个方面去看：

1. 投资人是否在重点关注？

2. 目标用户的需求是否刚性、独立、直接？

3. 利益相关因素的发展趋势是怎样的？

4. 反面去看，是否已经是过时、价值空间小的方向？

首先，我们来看看投资人眼里的方向是什么。

3.1 方向面前，痛点不值一提

创业者聚在一起的时候，一般都会有这样的对话：

“你好，你做什么项目呢？”

“我做社区水果 O2O 线上到线下。”

“我做一个在线教育产品。”

“我做大学生兼职领域的 Uber。”

“我做滴滴货车。”

……

而投资人问创业者的第一句怎么问呢？ 投资人一般会问：“你好，你做什么方向呢？”

那项目和方向到底有什么不同和关系？

投资人为什么问的是方向，而不是项目？原因很简单，这个是通常的投资思维方式。

投资的目的是获得相应的投资回报，而要抓到有回报的项目，就需要研究和分析整个社会经济发展的趋势。这些分析的结果就会沉淀出一些可关注和可投资的方向，并使投资人对之前跟进和投资的方向做出新的判断。一般来说，每个投资机构都有自己重点关注和擅长的领域和方向。

也就是，投资人把创业者定位到什么样的方向，是需要做出的第一个判断。你的方向在他的重点关注和投资方向列表中，对话就会继续下去；你的方向不在列表中，对话可能随时会中止。

一个方向，就是一个“赛道”，好的赛道，可以有很多的赛手（创业项目和团队）。把一个项目定位于某个赛道的时候，才好进行下一步的评估。

我们的创业项目在什么样的方向上，投资人就会按照那个方向的投资逻辑跟你交流。投资人不会拿一个社区水果 O2O 的项目跟一个 B2C（商家对个人）的电商平台直接比较，或许它们有间接的竞争关系，但是，不会直接把其作为同一赛道的赛手来进行比较。

方向也有粒度的差别，粒度越大可能说明市场越大；方向与方向之间可能会有交叉；从创业起点到某个方向的距离也有差别。如图 3-1 所示。

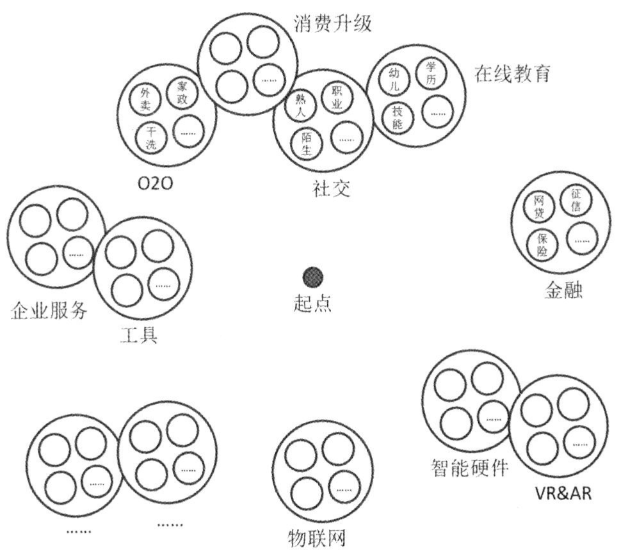

图 3-1　创业的方向

依据粒度的差别，我们可以清晰地看到自己的愿景与当前起点之间的关系。举个具体的例子：

从现在去看，360 做的是安全大生态的方向，但是，360 最开始只是做一个特别小粒度的方向“木马查杀”，然后扩大为“病毒查杀”，然后扩大为“上网安全防护及病毒查杀”，再扩大为安全大生态。

周鸿祎创业的时候不一定能看到当前的安全大生态的方向，但是，应该至少想明白了第三步，即“上网安全防护及病毒查杀”。

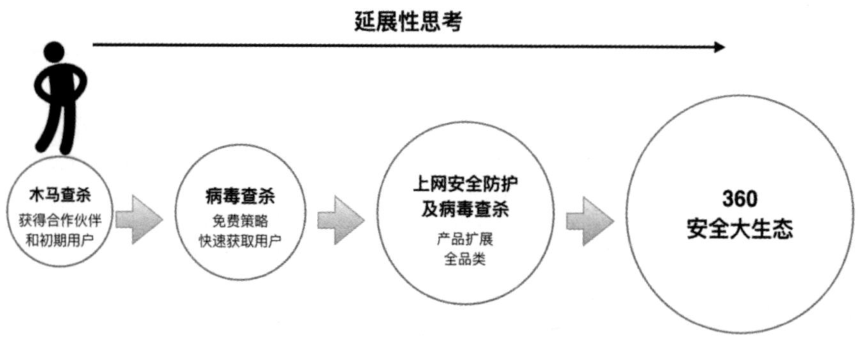

图 3-2　360 发展路径

粒度的不同，反映了创业者不同层次的眼光，你看到了越大的粒度的方向，一般也就意味着潜力越大，也就是可以讲出一个完全不同层次的故事。

如果只盯着当前所谓的痛点，不去做延展性的思考，可能会导致创业者无法吸引投资人的注意。因为你看得太局限了，这种局限会让你在选择当前阶段策略的时候，跟看得更远的创业者有完全不一样的观点。

360 会选择让木马查杀完全免费，猎豹会选择集中几百个工程师只解决海外用户的手机垃圾清理问题，等等。这种看问题的深度与一般创业者是完全不同的层次。其根本原因，就在于他们看到了更远的东西，当前的投入完全可以在下个阶段都赚回来，所以，当前阶段必须做得足够狠!

需要注意的是，不同的时代背景，不同的市场环境，具体的方向好与不好是多变的，因此，无法直接给出哪些具体方向就绝对好、哪些就不好。投资人真正关心的方向，这些信息其实已经很容易拿到。

以下是几个投资机构或创业平台当前阶段重点关注的方向。其中，表 3–3 是美国顶级风投 Andreessen Horowitz（A16Z）重点关注的 16 个互联网方向；表 3–4 是国内知名投资机构真格基金重点关注的方向；表3-5是国内知名联合创业平台星河互联关注的方向，有意思的是星河互联也可以就某一方向与适合的创始人从0开始联合创建项目。

表3-3 A16Z重点关注的16个互联网方向

1. 虚拟现实（VR）	9. 比特币和区块链（BlockChain）
2. 企业的“传感器化”	10. 云－客户端计算
3. 机器学习＋大数据	11. 众筹
4. 全栈型创业公司	12. 物联网（Internet of Things）
5. 容器（Containers）	13. 在线视频
6. 数字健康	14. 保险
7. 在线市场	15. 开发运营（DevOps）
8. 安全	16. 失败（可能只是一个警示意义）

表3-4 真格基金重点投资的方向

1. 物联网	5. O2O
2. 移动互联	6. 电子商务
3. 游戏	7. 教育培训
4. 企业软件	

表 3–5 星河互联重点关注的方向

1.O2O/ 电商	9. 在线教育
2. 互联网金融	10. 云计算大数据
3. 互联网餐饮	11. 互联网服装
4. 数字娱乐	12. 互联网农业
5. 企业服务	13. 互联网地产
6. 数字媒体	14. 互联网钢化
7. 智能设备	15. 互联网汽车
8. 移动医疗	16. 社交媒体

如果你的方向在当前投资机构热门关注的方向上，应该就是不错的方向。但是，我不鼓励先去分析投资人看好什么方向，再去选择什么样的创业方向，这是一种 "to VC" 的思维方式。

你的创业方向是否已经在或将要上投资的热门清单，都不是决定性的，仅仅可做个参考。事实上，真正划时代的项目，最开始很可能都是不被投资人看好的。比如 Airbnb 当初被 7 位知名的投资人一律无情拒绝；马化腾最开始想几十万卖掉 QQ 都没人搭理等。

在对前瞻方向的具体判断上，创业者往往会领先于主流投资人。就算不是划时代的项目，创业者往往也会比投资人更早地发现市场机会。因此，当选择的方向不在热门投资名单的时候，怎么办？

也可以说，先不去参考投资人的热门投资清单，创业者怎么对方向进行自我判断？

3.2 好方向需要具备三个维度

方向好不好，最基本的原则当然是：我真真实实地解决了一类用户的某个问题和需求；或者，我预计提供某个新体验、新技术，用户会尖叫，并愿意掏腰包；抑或，我研发的新技术大大提升了原有的性能指标。

不过，符合最基本的原则只能说明我们所做的事情是有价值的，有了值得去考虑的前提。判断创业方向好不好，还需要做更多的分析。

那什么样的方向算是比较好的创业方向呢？在直觉上，好的方向一般都有一种需求强、市场大的感觉。要理性一点分析，我们则可以从方向所满足的需求来做下判断，具体而言，对需求的“刚性”“独立”“直接”三个通用维度分开判断。

3.2.1 刚性需求

"刚需"在创投领域被谈得是最多的，也应该是被理解得最充分的。不过，是刚需就一定是好的创业方向吗？其实不一定。

> 举个例子，忘带钥匙的时候想要开锁，是不是刚需？在那个时刻，非常"刚"。可是，如果要基于这个需求设计一个 O2O 的开锁创业项目，就很难说这是一个好方向了。

因为刚需都是有前提的，再怎么普遍的刚性需求，细想下去，其实都有场景作为前提。

> 比如，"民以食为天"，吃是最普遍的刚需了，但是，吃也有前提的。至少我能吃得了，并且肚子比较饿，如果是一个不能吃饭的病人，或者我根本不饿，那么，对吃是没需求的。这些普遍的刚需，因为过于普遍，让我们日常忽略了场景前提而已。

创业满足刚性的需求是必要的，但是，一定要分析出需求的具体场景前提。一般而言，任何的真实需求都有相应的刚需场景，也就是说，在某些具体的条件下，用户对一个产品和服务没更好的选择了，就算是刚需。

有的人可能会说，很多不是刚需的产品呀，比如保险、游戏等。保险真的在任何场景前提下都不是刚需吗？在我私家车出事故，希望能把事故赔偿和损失风险降低到我预计可以承受的范围内的时候，我发现，没有比保险更好的方案了，这个时候，保险就成为我的刚需了。

因此，分析刚性需求这个维度，本质应该是找出需求的具体场景前提，尽量列出场景的最大范围，而不是只列一个。场景的最大范围决定了一个创业项目所能把控的市场空间，以及要抢占这些场景所应付出的各方面努力。

我们来分析一个创业产品所满足的需求的具体场景前提。

2015 年有一个传播很广的 O2O 项目关闭的案例——E 洗车。E 洗车是一个手机上的洗车应用程序，车主可以通过手机，快捷方便地预约上门洗车或者预约到店洗车，还可以比较附近的洗车服务价格。

用户的需求很简单，就是洗车，包括上门洗车或到店洗车。其中，上门洗车是 E 洗车的主打业务。上门洗车满足了什么样的需求？大的需求点就是洗车，不过，所有想洗车的用户和场景不一定都是上门洗车能满足的。刚需的人群和场景有哪些？

在知乎上有几个相关的讨论帖子："上门洗车在北上广的需求有多大？""上门洗车的 O2O 业务有意义吗？"我们在回复里可以看到上门洗车被用户经常提及的好处有：方便、价格低廉、省事。方便说的是操作简单，省事说的是不用排队，而价格低廉是说有补贴的情况下，1 分钱都能洗车。

作为一个刚刚使用完上门洗车服务的用户，以上这些好处都应该是成立的，尤其是在有疯狂补贴的情况下。不过，把时间的维度再拉开一些，这些使用过 E 洗车的人在什么场景下会持续用 E 洗车？

价格低廉是靠补贴，不可持续，这个激励因素去掉。

真的"方便"吗？用过几次的人都知道，开车出去的时候，停车的地方各有不同，这个时候，如需要洗车，可不是点开App下个预约单就行了。因为成功洗车得有几个条件：1. 附近已开通服务；2. 停车位置必须留出方便师傅洗车的间隙；3. 需要在能预约的时间范围内，与自己的时间安排不冲突；4. 如果要洗内饰，得等师傅过来，等等。考虑这几个因素，“方便”还是那样触手可及吗？很难！或者说能持续地感受到方便的用户及其场景比较少。

“省事”，好像真正刚性的场景也比较有限，有几个理由：1. 洗车店排长队的场景并不多见；2. 在洗车店洗车可以洗得更好，因为设备、工具都更充分；3. 洗车不会那么频繁，而去洗车店偶尔还有其他需求，比如打气、做美容、买汽车用品等。因此，因“省事”这个点产生刚性驱动力的人群和场景也比较有限。

过于稀疏的需求（空间和时间两个维度），在纯虚拟的互联网产品里，可以很好地满足，这就是纯互联网产品依赖长尾效应也能做得很好的原因。但是，在上门洗车这样一个有地域及人力两个物理限制的市场，如果需求过于稀疏，就很难玩起来了。

这个是上门洗车不能持续做下去的根本原因。

从刚需场景分析，个人觉得上门洗车有一个有价值的场景，就是“每天开车出门时车都是干净的”。在一个消费不断升级、中产阶级群体不断壮大的市场大背景下，通过包月制、包年制的付费方式，通过一个个小区攻克、运作公司福利等运营手段，试图去满足这样的场景，或许是上门洗车的一条路。

不过，暂时还没看到有这样的创业项目。如果你对这个问题有更好的理解和看法，可以通过公众号“创业街的 Peter 周”反馈给我。

3.2.2　独立需求

找到刚需的具体场景，则可以进一步分析这些需求在这些场景下是不是独立的或通过某种努力可以独立出来的。

不是独立的需求，就将对外部其他因素形成依赖性，比如对流量导入、用户来源、补贴刺激等形成依赖。

需求独立，不一定是指习惯，习惯带有人群的个人特性，很难看清楚是不是能适应于场景下的所有用户。也就是说，有时候我们通过某些方式，比如补贴、持续的教育等，让一些用户形成习惯了，但是，不一定意味着这个需求能独立出来。一旦放弃补贴，可能用户就会离开。

独立应该是在相应场景下**符合自然人性的、普遍流露出来的行为选择**，即无须进一步刺激，只需告知清楚，用户就会做出选择。

比如上文所述的 O2O 的开锁项目，基于非常有刚需场景的开锁需求，但是，这个刚需场景要独立出来很难，要让用户遇到开锁需求的时候，直接与这个 O2O 的 App 建立一一对应的连接，这个代价很大。更适合作为各种应急生活需求中的一种业务，所以，不见得是一个好的创业方向。

再来看一个偏技术方向的项目。

2007 年的时候，有位技术高手研发了一套图像识别、聚类高效率的算法，可以实现相似图片的快速检索，也可以实现快速的敏感信息检索等。他计划基于这个技术做一个视频搜索引擎的网站，让用户可以搜索网上的各种视频，用文字和图片作为搜索条件。这个方向是不是一个好方向？

在某些场景下，视频搜索是有刚性需求的，比如要看某个电影的时候。可是，细往下想，要把视频搜索从“搜索”这个需求中独立出来，容易吗？2007 年的时候，大部分人搜索资料，首先想到的就是百度或谷歌，要把视频搜索独立出来相当困难。而事实上，到现在也未出现真正独立的视频搜索引擎。百度做了视频搜索，优酷也做了，但是，都未形成独立的需求到产品的直接和普遍的映射。

举一个粗看起来需求不怎么独立的例子。

2005 年，去哪儿网推出旅游实时搜索功能的时候，面向的刚需用户是所有要买机票的用户——想更方便、更直观地了解各个不同航空和代理公司的实时价格，解决用户自己一个个去比较的烦琐、不直观的问题。在去哪儿网创业之初对此有显性需求的总体人群规模应该不大，需求场景也不够独立，比如在百度、谷歌搜索关键字的时候直接看到比价结果或许是更理所当然的体验。

事实上，去哪儿网成立的原因就是看到了在搜索引擎里搜索旅游相关关键字的迅猛增长趋势。而实时比价的搜索技术相对于当时搜索引擎主要针对网页的静态索引搜索，确实需要解决不一样的问题。更重要的是，因为需要获取实时低价，这个场景是很容易从常用的文字内容搜索需求中独立出来的。也就是说，去哪儿网创业所定位的方向，只要在技术上做到位、产品上做到位，比较容易形成“独立”的需求与产品映射关系，而且更“直接”地解决用户问题后，用户的体验也可以变得更好了。

再来看看一个我接触过的创业项目——法天使。

法天使有一个很有社会意义的使命——提升全社会的合同签约水平。法天使首先满足的一个需求是“快速找到实用、专业的合同模板”，尤其是创投圈所需要的各种合同模板，比如合伙协议、投资协议、劳动合同、劳务合同等。

这类需求原来的满足路径基本是：先使用搜索引擎搜索，再找到一堆模板一一比较，然后选一个合适的。

这个项目虽然还处在天使期，处于用户积累阶段，但是，如果法天使真的能聚集越来越多的优秀律师，并沉淀他们的优质合同模板，还能在平台上不断地优化合同模板，甚至找专业律师来审核改完合同，那我们可以合理推演出，用户以后很容易把“要专业合同模板找法天使”这个映射关系直接建立起来。如果达到这个状态，如图 3–6 所示，也就是把“找好合同模板、签好合同”跟“法天使”建立了“独立”的对应关系，需求也就独立出来了。

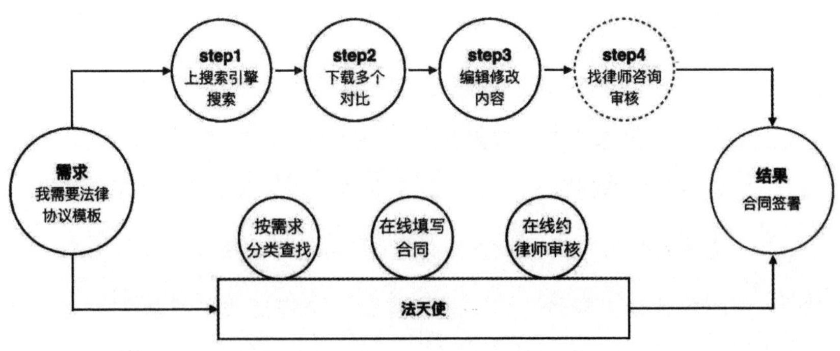

图 3–6 “找模板、签合同”与法天使的“独立”对应关系

因此，初看在当时不怎么“独立”的需求，如果通过对产品的努力宣传、用户的口碑传播，能逐步转化为“独立”的，也是非常不错的。

3.2.3 直接需求

有些创业者说，我想要让用户得到 A，但是 A 得在 B 的前提下才能有，所以，我需要做个产品 C 把 B 搞定，这样，我就得把 C 和 B 都做了。

一般这样的项目都成不了，在创业阶段，资源、资金、人手都非常有限，要同时做好两件事情，成功率微乎其微。从需求角度分析，本质是我们没有去抓用户的直接需求。

例如，我饿了，想吃个比萨。如果商家告诉我，可以卖些面粉和辅料给我，让我自己来做，这就是未解决我的直接需求。反过来，商家告诉我，我这里虽然没有比萨，但是，有蛋糕和面包，你要不要买点？或许我就马上转变我的选择了，因为我现在就要直接解决“饿”的问题，只是我第一次对外表露的是另一个间接的需求——“要吃比萨”。

“直接”还可以指满足需求尽量能够一步到位、直截了当。尽量让用户觉得不用经历中间环节，目标单一、直截了当、步骤简单清晰。

有的创业者在实现愿景的过程中，会设计类似搜狗或 360 的多级递进发展战略，并且拿未来所谓真正想做的事情去弱化别人对前期阶段的重视。这就大大提高了项目的成功难度，一个环节出现问题，则会导致满盘皆输。多级火箭的战略是一种可行的战略，但是在从 0 到 1 的阶段，一定要重点考虑清楚第一个战略步骤能否顺利地落地，或者直截了当地去做真正想做的事情。

例如某汽车金融类项目。该项目最终目的是做汽车金融，但创业者觉得前提需要自己积累用户数据。因此，创业者计划通过提供更方便的停车费支付工具的方式切入，在停车场、高速路、加油站等设置支付终端，以此获取用户数据，待用户积累到一定程度的时候，再切入与汽车相关的金融服务。

这样的项目一定将面对另外一些创业者直截了当地

去切入汽车金融而带来的竞争，就算现在通过做停车支付获得了一些用户积累，最终也就是多了这些用户来源而已。直截了当地切入汽车金融的创业团队，可能已经在汽车金融领域里找到真正的刚需场景，并积累了领先的竞争力。

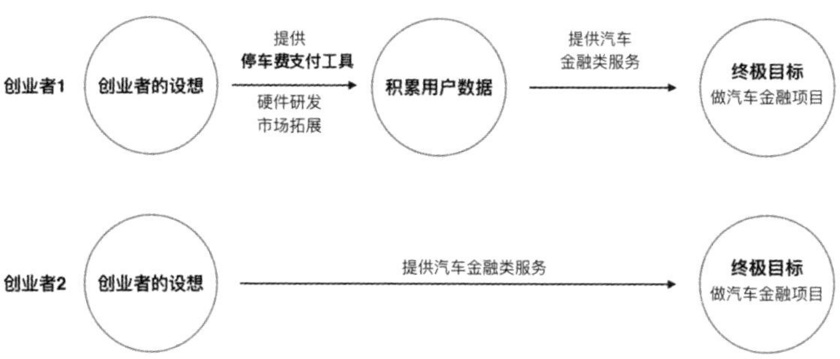

图 3–7　满足汽车金融需求的两种创业路径对比

判断两种选择孰优孰劣，至少要进行客观的对比分析。首先，做停车费支付这个阶段就将面对激烈的竞争，创始团队会有定力先把这个阶段的事情好好做到极致吗？其次，如果这个阶段做好了，是不是一定要自己做汽车金融的业务？是不一定的，说不定那个时候有更好的业务模式。

我们来看另外一个冒险的直截了当地解决需求的案例。

为了使消费者达到极致体验，京东有一个关键的战略选择就是“自建物流”。这个战略决策引起刘强东与投资人及其他股东之间的激烈争论，但是，刘强东坚持下来了。

从“直接”这个维度去分析，我们是应该支持刘强东的。因为用户相对最愿意选择的一定是直截了当地帮我把配送问题解决掉，而不是京东帮我选择一个“可能给我最好体验”的配送合作方，然后由合作方把东西配送给我。因为在那个时期，刘强东发现，就算他想选一个这样的合作方，也没的选，几乎没有能达到他的标准的。唯一一个可能的选择——“顺丰”，是一个已经很强大且个性鲜明的公司，不大可能跟着京东的规则玩。

最终，刘强东的这个决策让服务体验得到了可靠的保障，京东走得越来越顺，甚至这个策略影响了所有其他的对手，使其不得不跟进，如亚马逊中国。

再来看看一类被称为"全栈创业公司"的项目，比如Tesla（特斯拉汽车）、Warby Parker（美国一家成功塑造自有线上品牌的眼镜电商）、Uber（优步）、Harry's（基于垂直供应链整合的剃须用品品牌）、Nest（iPod之父创办的智能家居品牌）、BuzzFeed（美国一家社会化新闻聚合平台）和Netflix（美国一家在线影碟租赁发展而来的流媒体内容平台）等。

什么是全栈创业？假设你开发出了一项对于某些行业而言极具价值的新技术，然后你会怎么做？过去的做法是，把你的技术卖给行业里的其他公司，或者对其授权；而新的做法是，打造一套完整的、从端到端的产品或服务体系，超越现存公司。这就是所谓的全栈（full stack）创业。

这些全栈创业公司之所以诞生，一般是因为在他们之前的偏栈（partial stack）创业公司要么失败了，要么沦为小型企业。根本原因往往在于做好其中一个环节无法保障最终的用户体验，所以，不得不全栈创业。

全栈创业的根本还是创业者直截了当地满足用户的直接需求，这种方式一旦玩转，体验确实可以达到行业状态的极致。当前最典型的成功案例，莫过于苹果公司了。从Apple Ⅱ、Macintosh一直到iPod、iPhone、MacBook等，苹果公司就一直全栈式地完成从基础技术、主机硬件、操作系统到应用软件等全部的环节，由此保证了非常好的用户体验。

从以上我们也可以感受到“直接”的另一面，就是有时候为了满足用户的直接需求，所需要的能力和资源往往更多，难度更大，这也是值得注意的一个方面。

3.2.4 三个维度之间的关系

“刚性”“独立”“直接”三个维度，分别从三个不同的角度去分析创业方向所面对的需求。

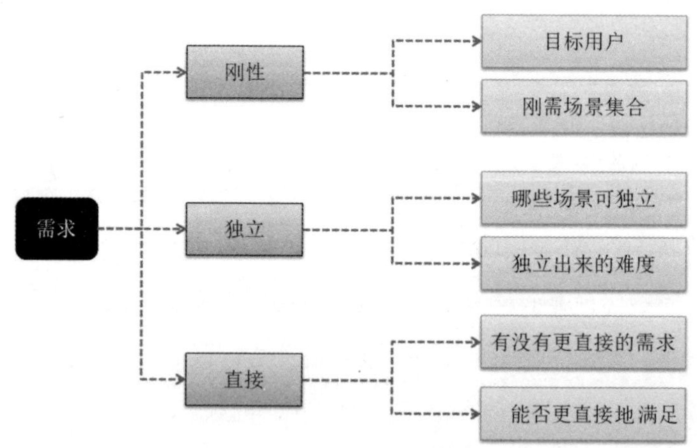

图 3–8 需求三个维度的关系

如图 3-8 所示,“刚性”重点分析目标用户和刚需场景集合，因此，决定了项目的用户群和市场规模；“独立”重点分析哪些需求场景可以独立地与用户选择建立直接映射关系，如果暂时不能，通过多大的努力及怎样的过程可以独立出来，因此，决定了项目的用户获取难度和对资源的依赖性；“直接”重点分析的是相比当前理解的需求，用户有没有更直接的需求，以及这些需求能否更直截了当地满足，因此，决定了项目的产品策略和竞争力建设点。

好的项目方向需要三个维度都处于比较理想的状态，而且都是能被创始团队把握住的。

比如说，“吃辣”是很多人尤其是湖南人的刚性需求，单纯分析刚需人群（而不是刚需场景），这个市场不小。但是，如果要“独立”卖给湖南人辣椒，这个需求市场就不那么好做了。湖南人就算每顿饭必须吃辣，也得一个更“直接”的产品和服务来满足“吃辣”的需求。所以，“吃辣”这个刚需，被提供更“直接”的产品和服务的湘菜馆，或独立包装的“辣椒酱”，或能长期存储的“辣椒粉”等分散满足了。

另一方面，方向好不好也与创始团队有一定的关系，也就是说，有的方向对这个团队来说不是一个好方向，对另外一个团队来说却可能是很好的方向。不过，在分析“方向好不好”（而不是“方向难不难”）的时候，可以不考虑团队的匹配问题，团队的匹配问题待分析团队的时候再来探讨。

3.3 不同投资人关注的方向维度不一样

不同类型的投资人对方向的基本诉求有很大不同，比如战略投资人可能非常关注被投项目与自身战略发展的协同价值，可能不会要求方向是否能独立发展、是否能直接满足用户需求，甚至对满足的需求是否真正刚性都不关心。这是因为战略投资人的直接需求可能是创始团队具备的能力或所做产品能补充自己的某种不足，达到这样的目的就算是投资目标达到。一般而言，这种情况投资人往往会谋求比较大的股份占比。

比如，当年京东投资“今夜酒店特价”这个案例。今夜酒店特价当时已经面临独立发展的危机，又拿不到最想要的战略协同性更好的携程的投资，所以，接受了京东的投资。而京东打的算盘则是两个方面的，一个是觉得团队不错，第二个是觉得今夜酒店特价 App 是一个移动互联网流量入口。事实上，得到投资后，今夜酒店特价很快被全部并购到京东的业务体系，原来的团队也被安排去做其他 O2O 的业务。

专业风险投资机构一般都会比较关注项目方向的市场规模，市场成熟后，低于 10 亿年收入规模的项目，风险投资一般不会关注。

说到市场规模，提一下创业者经常遇到的误区，就是用所谓的总体市场规模去预测创业项目的收入增长趋势。比如做“互联网 + 药品”，估算市场规模就会说整个中国的医药规模是多少万亿，我们哪怕占 1%，就是多少多少亿；比如做“互联网 + 教育”，这是整体几千亿的市场，我们按占百分之多少算，就是多少多少亿等。这种自上而下的市场规模预计，对己无益，对投资人也没意义。对收入规模真正的预计最好是自下而上，也就是通过自身方向的三个维度的确定，从运营推进的具体计划和方案去推算出能做成什么样的收入规模。这样的估算方式，既对投资人有实际的参考价值，也能让项目以更靠谱的计划推进。

假设一个市场总容量很大，用以下表格来对比一下，这两种思维方式中哪种方式相对更靠谱便不言而喻。

表 3-9　市场规模估算的两种思维方式

	自上而下	自下而上
总体看法	好大一张饼	天花板很高
我占多少	切个 5% 是多少，最少切 1% 是多少	现在做什么人群、什么场景、可以做到多大规模
我怎么做	从数据倒推我需要怎么凑，才能达到这个比例	下一步可以延展到什么人群、什么场景

投资人还经常会问做这个方向为什么现在是合适时机。有时候一个方向远景很好，但是，可能现在过于超前了。

比如我接触的一个做 VR（虚拟现实）头盔的创业者，2009 年就开始研究这块，遇到的困难非常大，融资也不顺利，但要是放在 2014 年左右开始做，无论是支撑性的基础技术，还是用户接受度、融资环境，都会好很多。

3.4　拆解影响方向的利益相关因素

每个方向都有一个或多个利益相关因素，比如目标人群的数量变化趋势、目标用户做出决策的影响因素及其变化趋势、需求的强弱及制约因素的变化趋势、相关的经济背景发展趋势、制度及法律发展趋势等。

对这些因素做出一些趋势性的研判，对创业者来说，相当于是一个看得更高更远的过程，也会使创业者更进一步地坚定当前阶段的判断。

因此，我们需要把这些因素做一定的分析论证。

举个具体的案例。

有个执行力很强的创业者想做一个帮助高中生更好地选择大学的创业项目，最开始想的是通过视频的方式更充分地介绍大学校园的情况。一起分析完需求后，我问了几个问题：

“影响高中生选择学校的因素有哪些？”

“这些因素如何排序？”

“排序后，是否还会把提供更多的信息作为关键因素？”

“有关高考的制度变化趋势是怎样的？与这个项目的关系是怎样的？”

通过这个分析过程，很有意思的是，创业者会发现能想到的东西完全不一样了，更全局地考虑自己到底应该怎么去看待自己的方向，以及在这个过程中帮助用户解决什么根本问题。

每个项目的利益相关因素都不同，可以尽量都列出，一一分析。

3.5 小心！这类方向一定不要选！

若创业项目没有完全满足“刚性”“独立”“直接”，有部分瑕疵，也不见得就应该完全避免。比如对不够独立的需求，可以去重新设计或重新选择目标场景，改善这个维度的情况。

举个具体例子：百度最开始定位于搜索技术提供商，先为新浪等客户提供搜索技术，把新浪作为用户来源及被搜索内容的提供方，百度并不是为最终用户的“搜索”需求提供“独立”而“直接”的产品和服务。这个阶段，它把具体客户和目标场景定义为“为门户等有海量内容的平台提供搜索技术”，而最终发起搜索行为的用户是搜索技术的间接用户。很快，百度越来越觉得这种方式受到诸多限制，终于下定决心，重新定义目标场景，即明确为最终用户“直接”“独立”的提供搜索平台，满足搜索需求，从而让百度走入了高速的发展道路。

当然，并不是所有的方向都可以通过调整目标场景、重新设计就能得到很好的优化。

有一些方向，我们确实应该避免：

1. 与时代发展趋势背离的方向。比如，在时代已经发展到直截了当地在产品里发生交易的时候，现在如果还去主攻所谓信息不对称的价值方向，就得深入分析了，很可能还没开始就落后了一步。比如，还去做各种信息门户网站、做各种需要 license（版权许可证）安装的桌面软件等。时代的车轮一直在向前，已经翻篇的事情，就不要作为创业的方向了。

2. 价值空间很小的方向。比如优惠券、比价等。这类方向的核心特点就是自我价值空间很小，可运作和发挥的空间非常有限，不大适合作为独立的创业方向来做。

思考 & 自我诊断

1. 我所选择的需求具体特征分析：

a. 具体的刚性场景有哪些？具体地描述出来。

b. 让用户独立选择的难度在哪里？独立出来的过程是怎样的？

c. 有更直截了当的需求吗？要不要把更直接的需求作为方向？

____

____

2. 利益相关的因素有哪些？发展趋势是怎样的？

____

____

3. 综合以上结论，我的项目方向从粗到细依次可精确描述为什么？大到行业 / 整个用户群，细到仅包括第一个阶段想做的事情即可。

____

____

第4章

CHAPTER FOUR

逻 辑

为什么为需求提供了产品和服务的解决方案还远远不够？

为什么同样的产品服务，一个团队能做起来，另外一个不行？

为什么说在京东上买东西，是在消耗京东的价值？

逻辑“通不通”？

30% 通过第二步“逻辑”验证

- 层次：产品服务、市场运营、营收模型、资本运作。
- 必然法则：有了A，一定有B的逻辑。
- 简短法则：路径越短越好，避免断点（假设/认为/可能）。
- 极致法则：关键节点追求极致，形成壁垒。

以技术为核心的项目，可以谈功能；以运营为核心的项目，就别谈功能了，还是多谈谈怎么把用户拉来，把他们真正想要解决的问题解决掉。产品和体验如果不解决用户的直接需求，都是扯淡！

本章案例索引

1. Uber
2. 淘宝
3. 在线生成二维码项目
4. B2C商城项目
5. 糖人圈
6. 亚马逊
7. E洗车
8. 某农牧产品传统项目
9. 新浪微博
10. 猎豹

明确了创业项目的方向，就明确了我们的各种利益相关方，最重要的利益相关方当然是我们的用户和客户。但是，为了打造“**持续为目标用户创造价值的有机系统**”，我们将不得不考虑这个有机系统各个方面的利益相关方的关系。

我们所说的“逻辑”，是这个有机系统有效运转起来的关键点及其相互影响的关系，是一个如何为利益相关方创造价值的关键过程。

下面我们先看看逻辑的构成及不同层次的关系。

4.1 从最顶点说起：逻辑的四个层次

逻辑最基础的构成包括：产品的功能或服务的流程组合、支持功能和流程组合运转的所有相关体系（市场、供应链、运营、销售、服务等）、利益机制、外部资金资源关系等。某些方向因为竞争环境的原因，外观设计、体验设计、资源的不同也可能成为逻辑不可或缺的构成要素。

具体而言，逻辑可以分为四个层次：产品服务、市场运营、营收模式、资本运作，维度依次增高。如图 4–1 所示。

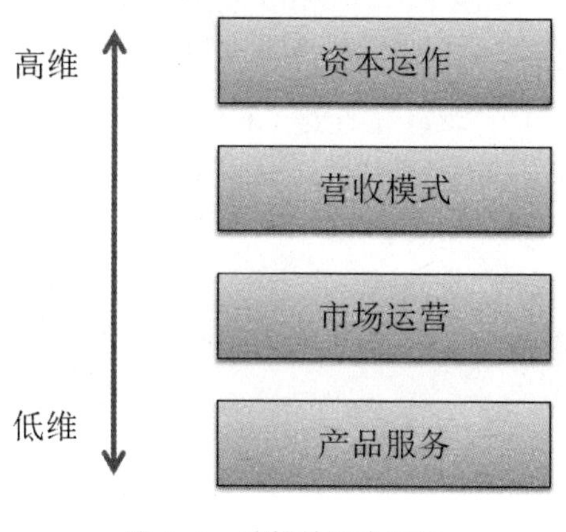

图 4–1　逻辑的四个层次

产品服务层次的主要考虑是为直接用户提供的产品解决方案，以及配套的相关服务。

市场运营则是把业务层次的利益相关方都考虑在内，思考有哪些创新的方法把相关方的积极性调动起来，实现新的价值。因此，市场运营层次的价值创造逻辑，尤其是指那种不直接花钱的策略和方法。直接花钱买用户的方法，如搜索引擎推广、硬广告等，属于市场运营层次，但是因为没有新的价值创造逻辑，一定要区分开来。当然，如能讲清楚为什么可以相比行业其他玩家持续以更低的成本购买用户，也是一个能力的体现。

举个例子，为什么“西少爷”“黄太吉”“伏牛堂”等能获得巨额的投资，难道完全是靠肉夹馍、煎饼果子、米粉的产品吗？显然不是。最关键的一点就是这些团队天生就具备了比产品服务更高一个层次的市场运营能力，能够基于时代热点、目标用户的兴趣热点，不断创造出媒体关注点，成为获客能力很强的品牌。

再比如 Uber，除了产品层次的技术创新能力外，最受大家津津乐道的就是 Uber 的整体运营策略以及城市运营三人组模型。他们通过把 Uber 描绘为一种新的生活方式，不断地通过创意营销，如打船、打直升机、打 CEO 专车等方法，调动媒体、用户参与传播，形成了市场运营层次的价值创造逻辑，从而降低了整体的获客成本，增加了品牌知名度和美誉度。

营收模式是指整合体系内部的各种资源，组合形成新的关系链，从而产生完全不一样的营收闭环。营收模式的不同，会让产品服务以及市场运营策略完全不同。

> 比如淘宝网创立之初就设计了与 Ebay、易趣完全不同的营收模型，让开店彻底免费，从而让产品服务与市场运营方法获得了更多的优势。

还有很多对用户免费或者补贴的方式，则并不是新的营收模式的设计，比如 2015 年 O2O 大战中直接补贴用户，这种只是促销或推广的手段，并不是建立新的营收模式的价值闭环。

资本运作则是充分使用资本市场的游戏规则，整合外部的各种资源，组合形成新的价值链，弥补在自身价值创造逻辑上的不足和漏洞。比如 Facebook（脸书）通过收购 Snapchat（色布拉），在移动互联网的用户关系上增加了一个非常重要的价值环节。

高层次的逻辑需要建立在低层次逻辑的基础上，否则根基不牢，但是，一旦想透了高维的逻辑，再来与低维逻辑的竞争者 PK 的时候，很容易把对手干趴下。

> 2015 年几大著名的合并案例，如滴滴与快的合并、58 与赶集合并、美丽说与蘑菇街合并等，基本上都是高维一方并购另一方。携程合并去哪儿，本质也是运用资本运作层面的逻辑去打处于产品服务和市场运营层面的对手。

这里提到了四个层次的逻辑，一般而言，项目初创阶段重点关注产品服务和市场运营层次就基本够用了。

需要注意的是，每个层次的逻辑也可以分不同的段位。比如在产品服务这个层次，用不同的技术满足同样的需求，可能会让竞争力完全不同。

> 举个具体例子：两个洗车店，一个靠人工洗车，一个靠自动洗车机器洗车，解决的是完全相同的洗车需求，但是，效率和成本（直接材料成本、人工成本、管理成本）就会有明显差别，进而让竞争力完全不同。

因此，在分析竞争的时候，我们可以去推演一下在逻辑的各个层次上，同一市场方向里的各个玩家的不同定位及其后续的演变关系。

在创投领域经常会听到几个词："投资逻辑""商业逻辑""产品逻辑"，我们所说的"逻辑"应该叫"价值创造逻辑"。针对用户需求和问题的解决方案，处于产品服务这个层次。而逻辑的分析不只是分析解决方案，而应该是把所有相关的内部及外部利益关键因素都考虑进来，把它们直接的、相互的关键关系梳理清楚，找出关键点。

这也是把这个分析步骤叫作"逻辑"，而不是叫作"方案"（解决方案）的原因。"价值创造逻辑"更强调创业的本质所在，更容易让大家突破对"解决方案"的静态理解，也更自然地对关键的运营支撑条件、各关键利益相关方加以注意。

在我们接触的项目中，70% 的项目逻辑都有比较严重的问题，最为普遍的是把功能等同于解决方案，等同于为目标用户创造价值。

4.2 70% 的项目死在了逻辑这一关

当问创业者“你要做这个方向，准备怎么做呀？”时，很多创业者会从以下这些角度去回答：

“我做了一个 App，实现了某某功能。”

“我们做了微信公众号，也有网站，过两个月还会有 App，所有这个方向需要的功能我这儿都有。”

“功能已经开发完了，我准备拿了投资，就先打广告拉卖家，然后，再去找买家。”

“技术开发不是问题，我把当前最优秀的 P2P（个人对个人）平台都体验了一遍，整合了它们当中最优秀的功能，开发得差不多了。我现在就是差一点投资，投资到位，我就可以补贴用户，做 SEO（搜索引擎优化），精准投放一些广告，就把平台玩起来了。”

……

有了产品功能，就为用户创造价值了，就为用户解决问题了吗？ 把用户吸引进来，他们就会按照创业者的意愿去使用产品功能，用户就能留在产品里吗？

首先来看，功能的堆砌，有时候不仅不会创造价值，还会降低产品的价值和体验。500 Startups 创始人戴夫 · 麦克卢尔有句名言：“客户并不关心你的解决方案是什么，他们只关心自己存在的问题。”

例如，很多传统背景转型互联网的创业者，经常想把所有想到的功能都做上去，觉得功能越多，产品就越强大。殊不知，这样带来的后果是用户根本就不用。因为他进来之后，发现自己的问题并不能很快地得到解决，反而要学习一大堆的新东西，往产品填写各种资料，这不是我们在为用户创造价值，而是我们在向用户索取价值。使用产品、填写资料的过程对用户本质上来说是一种付出和成本，如果付出的过程中迟迟看不到收益，用户就会马上放弃。

另一方面，功能一多，要凑齐团队把产品所有功能内容填充丰满都很难，更别奢谈顺畅运营起来。

无论是“互联网 +”，还是“+ 互联网”，都需要有互联网形态的产品，因此，非常多的创业者就理解为，原来互联网创业就是做一个 App，就是开发一个微信公众号，就是做一个智能硬件，等等。这些产品不就是一堆功能吗？那就找个外包公司做好了，做完了，直接一上线，剩下的工作就是去找用户来用呗。

我问过一些有类似思维方式的创业者：“为什么你会觉得做了产品功能之后，剩下的就是拉用户了？”总结起来，思维过程也是有道理的。他们觉得：“你看，互联网不是没有边界的吗？用户访问一个网站，打出网址就可以了，不会受限于网站是谁开发的、放在哪里。用户用一个 App，一分钟就下载好，随时随地在手机上就能用，中国人、外国人都可以。用户来到产品里，不就是用一个个功能吗？”

用户一旦进入产品，确实会需要用产品的功能。尤其是工具型的产品，功能本身就可以直接为用户创造价值。

例如，一个生成二维码的在线产品，这样的产品是工具型，用户一进入界面，依据步骤引导，输入要转化为二维码的内容，点“生成”即获得二维码。在这个过程中，用户期望获得的价值已经获得。如图 4-2 所示。

图 4-2　二维码在线生成工具

如果不是工具型，会怎样呢？

比如，要做一个垂直方向的 B2C 商城。功能的组合应该比较成熟了，给商家提供发布商品、用户交流、发货管理、CRM（客户关系管理）等功能，给消费者提供搜索 / 浏览商品、与卖家交流、购物车、下单、物流跟踪、投诉等功能。这些功能几乎任何一个外包公司都能开发出来。

功能开发出来后，买个云服务器，拉一批种子用户，造一点初始数据，就很快可以上线了，如图 4-3 所示，看起来很强大、很丰富了。然后，就去两边打广告、拉用户，这样的方式能成功吗?

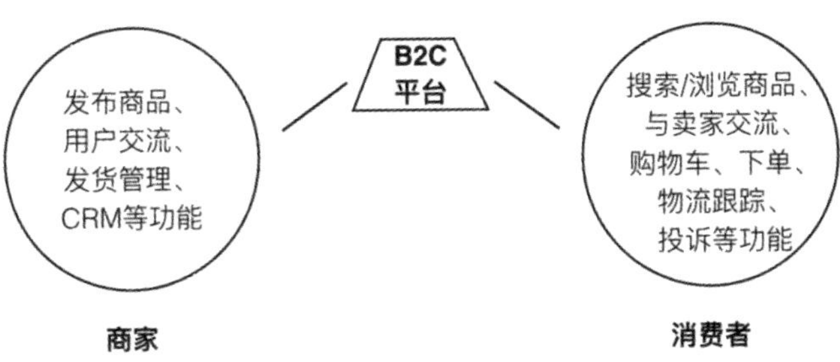

图 4-3 B2C 商城功能示意图

事实上，成功的希望非常渺茫!

卖家为什么要来这里卖产品? 就因为有发布功能吗? 卖家的诉求是我需要卖出去产品，赚取合理的利润，而且还得是付出合理的时间和成本，包括网站的使用成本。

买家为什么要来买东西？就因为这里只卖一个类别的产品吗？买家可能希望快速地买到低价正品，而且享受很好的配送服务和售后服务。

对于非工具型的产品，用户的直接诉求基本都不是功能能直接满足的，也就是无法通过产品功能直接为用户创造价值，在产品的基础上，需要背后一个强大的运营支撑系统以及合适的运营演进策略来一起满足。把这些关键点抽取出来，并且每个关键点之间是可以合理推演的，则可以认为逻辑是通的。

也就是我们经常说的，互联网产品和功能，只是我们为用户创造价值过程中的一种有效工具和组成部分。

在我们所接触的创业者中，70% 的创业者过不了逻辑这一关，因此，需要对逻辑的梳理给以充分的关注。

4.3 如何搭建靠谱的项目逻辑?

任何一个创业项目，有三个基本的问题：

1. 用户怎么获取?

2. 用户来了，怎么给他创造价值?

3. 我们从用户那里收获了什么（不单指收入）?

一旦通过各种方法获取了用户，用户是带着期望和需求来的，因此，价值创造逻辑分析，可以从对需求的直接解决方案和用户体验闭环流程分析入手。

创业者看到了一个市场需求，肯定得有相应的解决方案，因此，解决方案如何获得就不再赘述。

解决方案在被市场验证之前，一般都是创业者自己所构思方案的定性描述。从文字描述上，很难直接发现问题，也就很难评估逻辑通不通。

要真正获得价值创造逻辑，还得从解决方案的闭环过程中，一步一步抽出关键节点，分析这个节点的前后**关键难点和前提条件**、难点是否能得到解决、是否有必不可少的前提条件。

解决难点的关键点如果之前未考虑到，则需要找出新的关键节点或前提条件，然后，再仔细推演下一个通畅的节点是什么，最终形成一个至少逻辑通畅的闭环，并确定各关键节点的各种前提条件。

如果是平台型的项目，一般有多个角色，可以把对每个角色的解决方案都逐一分析。

依据这个逻辑闭环去重新理解项目方向，可能就有完全不同的感觉。

拿一个具体案例来分析，有一个创业者拥有糖尿病相关基因检测的技术，并已投入实际使用，他想基于基因检测的技术做一个专门针对糖尿病人的App——糖人圈，帮助糖尿病患者更好地解决日常生活中如何选择膳食、用药、保健品的问题。

BP 里描述的解决方案（已做适当删减）如下：以

用户基因检测数据为依据，以 App 为产品形式，用户日常可随时随地判断某种食品、药品、保健品是否能吃，依据药理学及临床经验为用户提供专业的建议。

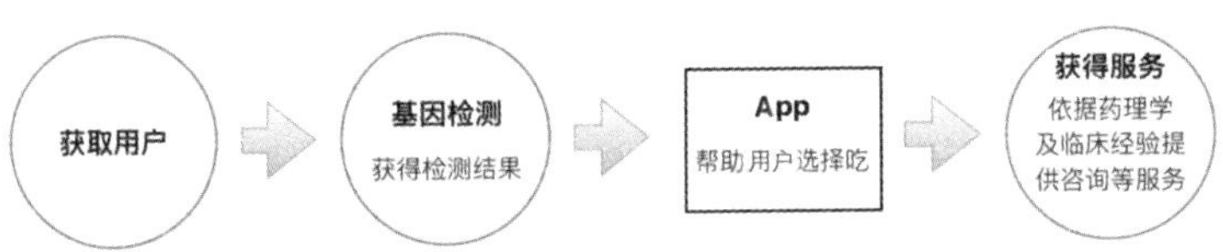

图 4–4 糖人圈 BP 所示的价值逻辑

如图 4–4 所示，初看起来，解决方案很酷，应该符合糖尿病患者的需求（至少感觉上符合），并且基因检测的用户与 App 的用户可相互导流、协同发展。

我们来分析一下具体的价值创造逻辑。

推演开始：以基因检测数据为依据，那第一步是不是意味着用户必须经过基因检测才能在 App 里获得对什么能吃的判断价值?

创业者回答：是的，必须。

继续推演：那基因检测变成了App使用的前提，如果单独去推广App，必将面临需要把意向用户说服到第一个关键节点——基因检测。这个过程就是一个非常别扭，而且可能转化率很低的过程。

能否优化？能否让App对未经基因检测的糖尿病患者也有价值，只是可能相比经过检测的价值低一点？

创业者回答：未考虑过，不过，应该可以。可以对未经过检测的患者给出一些规律性的判断。

继续推演：关键节点转化为：获取用户→依据用户请求给出一般规律性判断→基因检测→依据基因检测给出个性化专业判断。

进一步分析新的关键节点："依据用户请求给出一般规律性判断"还需要什么前提条件？具体怎么实现的？实现有什么难点？难点确定可以解决？

创业者回答：需要事先录入所有待查询的食品、药品及保健品的信息，并通过算法确定这些因素与基因检测结果的关系，用户输入具体的想吃的食品名称后，后台算法自动给出一般性建议；如果输入的信息未录入则提示，并提示人工来处理，补充信息或给以人工回复。需要用户告知糖尿病的病型，最好有日常的血糖数据。

继续推演：那预先录入的信息及算法的实现成为关键了。这是价值闭环体现的一个大前提。吃的食品、药品、保健品那么多，怎么去获取这些信息？包括跟基因检测相关，以及针对性建议的信息。另外，糖尿病患者都能准确知道自己的病型吗？

创业者回答：常用和常见的数量并不大，药品、保健品的信息从国家相关数据库中可以获取，食品的信息需要日常积累，通过食品相关公开医学资料来收集。这个确实需要一个过程。对不知道自己病型的糖尿病人确实无法给予有价值的建议，同样一种吃的东西，这种病型的人能吃，另外一种病型的人不能吃。

继续推演：那看来知道确切病型成为产品价值体现的另一前提了。如果这些信息都已具备，能实现一套有效的算法，给用户提供可靠的专业建议吗？有什么局限和条件？

创业者回答：如果希望建议更有效的话，最好每天都录入包括血糖、服药量等关键数据。

继续推演：用户血糖等日常数据获取和录入成为价值实现的另一潜在前提。

……（省略更长推演过程）

以此类推，最终形成了糖人圈的一个价值创造逻辑，如图 4–5 所示。

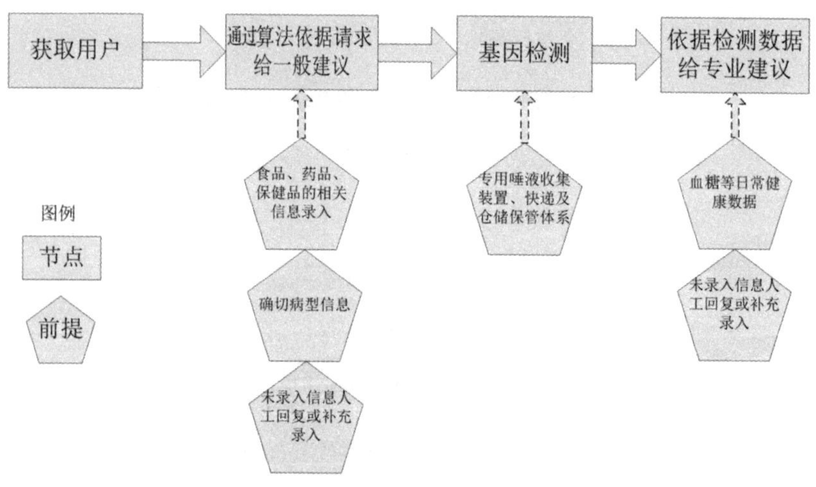

图 4–5　糖人圈 App 的价值创造逻辑删节版

当创业者看到最后的推演结果的时候，对这个创业方向所需要准备的条件以及所需要做出的多方面努力，有了更全面的认识，对于每个关键节点的可靠性以及每个节点所创造价值的成本（性价比）也有了一个更客观的视角。

这样推演出的逻辑是不是真的是适合创业者的选择，需要创业者自己做出判断，有的还需要在市场上进行各种验证。

另外，需要说明的是，**每个方向可能有多种不同的解决方案，因此，也就有多种价值创造逻辑**。在分析逻辑的阶段，如有必要，可以把所有可能的价值创造逻辑都列出来，然后再仔细去分析每种价值创造逻辑是否通畅、是否靠谱。比如上述糖人圈的 App，完全也可以走另一价值创造逻辑，就是不依赖于算法，而是更多依赖于人，即把判断和建议的价值提供方改为专业人士或其他同类患者，这样将产生完全不同的价值创造逻辑。

4.4　把握三个法则，你的项目也许能活过这一关

各种逻辑中，通畅、无断点是基本条件，如果还需要进一步评估逻辑是否是比较好的选择，则有以下几个原则作为参考。

4.4.1　必然法则

每个关键节点往下一关键节点转化，要确保有必然性，也就是多问问自己："有了 A，就一定有 B 吗？"

必然性不一定是 100% 的有 A 就一定有 B，但是，至少有可预见的直接转化率。

我们知道，现实中，有直接的因果关系，也有所谓的相关性关系。因果就是有了 A 就一定有 B，而相关性则是 A 与 B 之

间看不出直接因果关系，但是在方向和程度上密切相关。

> 假设一个市场只有两个主要的竞争对手，一个竞争对手因为某种原因退出了市场，另一方的市场占有率必然会提升。如谷歌退出中国大陆市场，百度的市场占有率会大大提升。
>
> 再如，如果降低了原有业务形态的人工投入，采用了计算机处理，一般来说就必然降低了提供产品和服务的边际成本，如果能让边际成本接近零，必然就可以设计“通用功能免费 + 增值服务收费”的营收模型。

这些都是因果上的必然性。

> 而亚马逊的图书推荐系统，是一个相关必然性关系的经典案例。即当一个用户在浏览一个商品的时候，这个推荐系统会依据相关性分析总结的必然性数据，为用户推荐更多有可能被当前浏览用户购买的产品。

类似于这样的各种大数据方向，有非常多的逻辑必然性是建立在相关性关系上的。

这个相关必然性的理由在于：如果购买商品 A 的消费者中有相当部分也购买了商品 B，那就可以认为商品 A 和 B 是相关联的，所以，当再有消费者购买商品 A 时，就向他推荐商品 B。

如果我们认识到这种基于相关性的必然，那么它也可以作为价值创造逻辑的一部分。

必然的另一面就是偶然、可能、不确定。

必然性上有问题是价值创造逻辑有问题的最普遍现象。如果我们在创业过程中，有关键节点是非必然的状态，则应尽快尝试其他逻辑选择，找到有必然性的新逻辑。

再拿上文提到的 E 洗车案例来分析。关闭上门洗车后，保留了到店洗车预约的功能。对于到店洗车，刚性需求是综合性价比（服务质量、远近、来回方便程度、价格），E 洗车想打低价。低价永远都是刚性驱动力之一，没有错。但是，为用户创造“低价”的价值创造逻辑存在吗？仅仅因为给洗车店多带过去几个用户，是不是就创造了新的价值？我们知道人工洗车的洗车店的边际成本几乎不降低，最多分摊一些房租，

> 大部分洗车店并不缺乏客源，没有一个创造“价格低”的价值创造逻辑的必然性，人为降低这个价格，只是创业者单方面臆想的一种付费规则而已，并不是基于创造了成本降低的新价值而带来的费用降低。

如果通往一个“方向”有多种价值创造逻辑，那通过分析必然性，就能评估出哪种逻辑相对更靠谱、转化率高，哪种逻辑相对还不确定、转化率低。

4.4.2 简短法则

逻辑是由一系列关键节点组合而成的，看起来像一条条路径（实际不完全是，因为在逻辑分析阶段可以暂时不管具体的执行路径）。如果有多个选择，一般而言，创业从 0 到 1 阶段的路径应尽量简单和短小。

这是因为路径中如能少一个关键节点，竞争力一般会得到提升，发展速度一般也会更快，也会减少一些竞争风险。因此，如果能达到同样的效果，就尽量采取短的路径。

比如，很多创业者觉得自己的创业项目需要流量和用户的来源，就把用于积累流量来源的逻辑也做到了产品中，成为与主体价值创造逻辑并列甚至更被强调的部分。这样就很容易导致分心，并且重点不清晰。

举个具体例子，有一个传统背景的创业者想创业做一个农牧产品的公司，他确实积累了很多这方面的资源，比如当地政府的政策支持、农牧民的资源、足够的启动资金等。

创业者计划做好几个事情：

1. 引入蔬菜种植技术，帮助农牧民种植更好品种、更高品质的蔬菜；

2. 建一个气调保鲜仓库，帮助批发商对收购的蔬菜实现长期保鲜；

3. 建一个 B2C 的蔬菜销售平台，帮助批发商销售生鲜蔬菜给消费者，为重点城市提供 24 小时内送货到家的生鲜蔬菜配送服务。

很显然，这些事情确实有一定的关联价值。如不考虑创业效率，或者只是理解为一个传统的项目，那怎么做都没关系。但是，这位创业者是带着如何做好一个生鲜 B2C 项目的问题来交流的。在他看来，自己的价值创造逻辑包括了生鲜蔬菜的端到端的所有环节。

这个跟上文所提的全栈创业公司有点区别，市场上有对生鲜、高品质蔬菜的需求，但是，要消费者获得快速配送、生鲜等消费体验，并不需要做如此长链条的全栈创业。我们知道生鲜蔬菜配送的根本问题在于保鲜配送及损耗控制，与此无关的环节尽量交给其他社会力量，集中精力在关键问题上创造独特的价值。

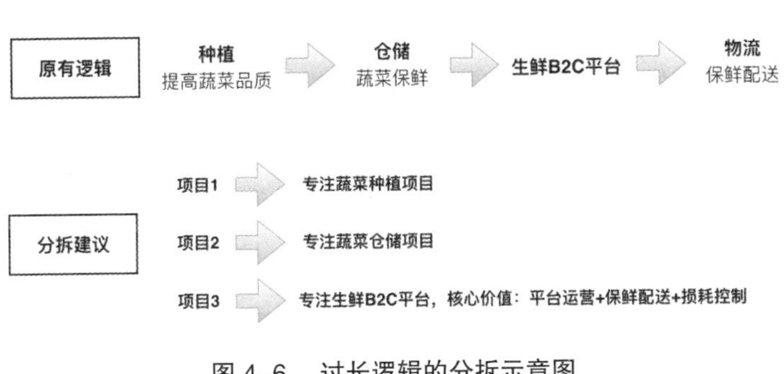

图 4–6 过长逻辑的分拆示意图

如图 4–6 所示，我们建议创业者把整体分拆为多个创业项目来看，并解除各个项目之间的强耦合关系，然后，将自己最想解决的问题作为核心价值创造逻辑。

最终创业者选择把项目 2 作为自己的项目定位，把所有种植蔬菜的农牧民作为仓储产品的供货方，把所有可销售、批发蔬菜的生鲜平台等作为销货方。这样的定位既能充分发挥资源优势，获得政府支持，又能聚集前后环节的资源，待项目 2 的核心价值稳定的时候，再往前后做业务延展。

很多项目涉及多个用户或客户角色，价值创造逻辑很容易形成错综复杂的关系，这个时候简单去掉角色一般是不行的。但是，一般都可以通过解除各个逻辑之间的强耦合，形成更简单清晰的关系。

在《平台战略：正在席卷全球的商业模式革命》一书中，作者对双边或多边市场的各种商业模式做了比较深入的分析，其中有一章讲双边市场通过平台连接后，该优先发展哪一边。

从价值创造逻辑分析的角度来讲，这其实就是一种典型的解除多角色价值创造逻辑耦合的办法，也就是说，双边或多边平台为用户创造价值的过程，可以分开去看待，把一方对另一方的要求替换为人工或其他方式，从而形成相互独立的价值创造逻辑。

逻辑要简短，有时候会跟需求直接混淆，这个问题不用过于纠结。如果在方向分析阶段已经跳过了不必要的间接需求，自然价值创造的逻辑就简短了。如果方向分析阶段觉得已经是比较直接的需求，到逻辑分析阶段发现价值创造的逻辑不够简短，再来做一些优化即可。

4.4.3 极致法则

逻辑的每个关键节点都应追求极致的状态。我们自己不达到极致，就相当于给竞争对手机会。

> 例如微博形态的产品，最开始有很多巨头都做了，包括腾讯微博、搜狐微博、新浪微博等，但是，新浪微博能在竞争中突围，最关键的原因应该不是靠产品方面的价值创造逻辑，主要是把运营做透了。尤其是针对政务发布需求、明星与粉丝互动等几个点，新浪微博把这个关键价值节点做到了极致。

再看另一个案例。

傅盛做猎豹时，发现了海外的移动互联网市场还存在一个类似于PC互联网时代的360的价值创造逻辑——即手机清理相关功能，在各大应用市场里搜索量巨大，这个工具可以成为占领移动互联网的一个入口。而这个点还没有一个公司做得很强大，360也没有特别关注这个市场。因此，傅盛快速投入了几百个工程师，只为了把"手机垃圾清理"这一个功能做到极致，这样的团队配置在有限的时间窗口里，让其他竞争对手没有了任何的还手机会。

创业从 0 到 1 阶段要分配团队成员的精力与各种资源，形成适应项目目标的"排兵布阵"，到底把关键的精力和资源布置在哪里？就是我们应该做到极致的关键点上。

在关键点真正做到极致，也就自然形成了项目的竞争壁垒，成为项目的核心竞争力。虽然团队是做好一些事情的根本，但是，把"团队"直接当作核心竞争力的创业项目，往往是还没看清楚到底要把什么真正干好。

也就是说，找到了应该做到极致的关键点，也就是找到了项目的真正突破口。

如果发现某些节点根本没必要达到极致，往往这个节点并不属于这个创业项目的关键价值创造逻辑，也就不需要配置关键的资源和人员。

4.5　你觉得是价值创造，实际上是价值消耗

我们说逻辑是在目标方向上为用户创造价值的关键过程。因此，分析“逻辑”的时候，重点只关注“价值创造”的所有动作及其前提，跟价值创造没有直接关系的暂时不要管。

一个项目要正常运作，产品具体功能是什么、如何获取用户、是什么样的赢利模式、怎么占领市场、怎么打击竞争对手等，都会是需要思考和解决的问题。但是，这些问题都必须在清晰认识“我们到底是在什么方向上、如何创造价值”的基础上才有意义。

把价值创造所需要的用户获取、产品定义、市场推广策略等放在“切点”环节去分析，把竞争对手推演、赢利模式等放在“竞争”和“融资”环节去考虑。

举个例子，如果我们要做一个 B2C 商城平台，对消费者(买家)来说，确实是在这个平台上下单买东西；对供应商（卖家）来说，确实也是在这个平台上卖东西。那这个平台如何创造价值？是因为这里能买卖东西吗？

能买卖东西，只是说这个平台有这样的功能结构，其实，到真正“买”与“卖”这个动作发生的时候，反而是我们创造的价值被消耗的过程。为什么这么说呢？因为我这次买完了，这个平台的价值我已经用了一次。我要再来用的时候，平台得满足我下一次还未发生的需求。而我下一次要再来的时候，又是一次新的“价值创造”与“需求”匹配的过程。

京东在很多人心目中代表了“正品、低价、配送快”，但是，消费者下一次来京东的时候，还是得评估：要买的东西有没有、价格是否合适、能否按预期时间送到、能否有人解答我的担心、新需求的售后服务是什么样的等问题。而这些用户在评估的东西才代表了京东在努力创造的价值，即京东如何持续地保持

> “正品、低价、配送快”，产品还能覆盖用户需要的所有品类。一旦用户将商品放入购物车、下单付完款，京东的价值又被消耗了一次。

理解这样的细微差别，把“价值创造”与“价值消耗”清晰地分开，会让创业者明白自己到底要努力做好什么。如果价值没有被创造得很好，仅仅去谈价值消耗的办法是饮鸩止渴。

再举一个通俗的例子。

> 一个做豆腐的师傅，自己做豆腐自己卖，豆腐本身及商店位置承载了他创造的主要价值。他每天做好豆腐，把豆腐放在橱窗里，在这个过程中创造了价值；豆腐一块块被卖掉，价值被逐步消耗。在价值消耗的过程中，师傅从用户那里获得了相应的回报。
>
> 如果要考虑豆腐店的价值创造逻辑，则大家都会认识到“怎么做出好豆腐”“方便消费者购买”“性价比”等才是豆腐店老板真正为用户创造价值的关键，也是这个豆腐店老板应该努力的地方。

任何一个创业项目，都可以区分出“价值创造”和“价值消费”两个过程。我们在这个阶段重点关注价值创造，在下一章节，我们将开始考虑具体怎么落地、产品和运营上分别选择什么样的路径。

思考 & 自我诊断

1. 我的项目必然创造价值或必然能获取利益的逻辑是什么？

2. 再进一步看，产品服务、市场运营、营收模型、资本运作四个层次中分别的必然逻辑是什么？

3. 分析每个层次逻辑是否符合必然、简短及极致法则？为什么？

4. 我应该下决心把哪个逻辑的关键点做到极致？能不能只把这一个点做到极致？

第5章
CHAPTER FIVE

切　点

我的项目有让自己眼前一亮的切入点吗？

为什么有的项目切入时不是最佳体验，后来却越来越强大？

切点“行不行”？

20% 通过第三步“切点”验证

· 路径，尤其是第一步行动方法，切实可行，只要去做，就一定有收获。即怎么冷启动?
· 产品切入点和运营切入点。
· 切点与愿景的演进推理。

故事讲完了，总得干。烧钱不是创造价值，选择一个关键点，先让第一批用户爽了才有未来。

本章案例索引

1. 微爱康
2. 测试兄弟
3. 360
4. 伊玛目
5. 小米
6. 淘宝
7. 神猪

项目方向以及价值创造逻辑跟团队的具体情况没有任何关系。而切点的分析，则应该结合创业者的资源、能力、经验等因素来确定项目的冷启动策略。

切点既然是前进的路径，那关键就得衡量是否可行。本章先探讨一下什么是可行的切点，然后，把产品切入点和运营切入点分开来分析一下。

5.1 珍惜种子用户

切点是对方向和逻辑落地执行的路径设计，创业从 0 到 1 阶段能否顺利地跑起来，跟路径的选择有直接的关系。同时，对切点与创业愿景（方向和逻辑）是怎样的演进关系，也需要做些分析。

因此，可行的切点往往给人眼睛一亮的感觉，而理性的分析，往往至少有两个特点：能让项目顺利地冷启动，能分阶段地奔向项目愿景。

要使项目冷启动成功，需要确定第一批种子用户，以及最基础的产品功能和服务流程。

我们可以通过方向推演出所有刚性需求的人群，冷启动的时候，需要在这个人群中找到需求最强烈、最容易突破的种子人群。这些人最愿意做第一个吃螃蟹的人，也会忍受我们最开始比较简单甚至粗糙的产品和服务，而且可能很多都是人工的、不流畅的服务。他们的需求能得到满足是关键诉求，其他方面更细节的体验暂时不会成为重点。

举个例子，创业项目微爱康，方向是患者的垂直社区，想通过患者的群体力量沉淀与医生、医院、药厂等的新型消费关系，让患者得到更好的服务。基本逻辑是提供社区形态产品、人群特征匹配算法和配套的人工专业运营力量，帮助患者在重大诊疗决策前，可以快速自动匹配同类患者，并获得全方位诊疗建议和经验。获得的方式是搜索之前的分享交流记录或发布新的交流话题，等待其他患者及社区运营方专家的回复。

怎么切入这个市场呢？通过分析方向和逻辑所面

向的所有人群可以得知，最强的需求人群应该是刚得知不幸罹患重症的患者，尤其是患癌症的患者。因此，微爱康把切点人群确定为：癌症患者，尤其是刚得知患癌的人群及其家属。

如果确定了切点人群，就可以设计为这个人群最关键的需求提供满足需求的最基本的产品和服务，也就是产品切入点，并进一步确定所需要的运营支持手段，也就是运营切入点。

另外，需要注意的是，在分析切点的时候，不一定要完全受限于团队的现有状况。因为如果切点非常靠谱，实际上组建初创团队会变得不那么难。当然，也不要过于天马行空，完全超出自己的掌控能力范围。对这个度的把握，我们在下一章分析团队的时候，再来详细探讨。

5.2 谈情怀、谈愿景，要从第一步切点入手

通过以上这个过程，切点基本得到明确。为了避免切点脱离愿景，我们可以去推演一下，一旦切入成功，下一步的产品和运营的演进路径，形成从切入点到愿景的粗线条发展规划。

这个规划无法做到很详细，创业从 0 到 1 很难做好超过 6 个月的具体计划，但是，做粗线条的规划还是有必要的，这样团队可以知道努力的方向和目标。

在做规划的过程中，我们应该努力去把人工支持的价值创造步骤逐步沉淀到产品里，不能完全产品化的，也应该借助产品的手段提高效率，也可以借助社会化的方法突破发展过于依赖人的瓶颈。

有个创业项目叫“测试兄弟”，方向上是为移动互联网产品、智能家居产品提供众包测试服务，包括App适配性测试、功能性测试、体验性测试。价值创造逻辑是通过自动化测试工具、SaaS（软件即服务）平台透明管理测试过程，整合闲置专业测试能力、众包体验测试，来为企业用户一站式解决互联网产品测试问题。

在这些服务中，测试兄弟选择了为创业公司的App产品提供完全免费的适配性测试及基本免费的功能性测试。这个过程中，专业测试案例的撰写及测试是需要人工服务的，因为想做好这步，测试兄弟配备的人员能力都还得比较强，基本都是5年以上测试经验的专业人才，因此，成本是比较高的。

不过，从这个切入点往后的推演过程中，有两种可能性把这个成本覆盖好：第一种是转化为更高级服务的转化率比较理想，把前期的免费当作合理比例的市场费用；第二种就是把人工服务进行众包，让企业可见一个极低的测试成本，借助测试兄弟自己的SaaS平台，把整个测试流程管理起来，达到既降低成本，又提高效率的目的。

在推演过程中，还有一个很重要的方面是用户群如何从种子用户逐步扩大到愿景所想覆盖的人群。只要人群扩大的路径是可行的，那当前选择的种子人群就值得考虑。

从切入点到愿景的路径推演虽然不可能达到完全预知未来的目的，但是，有两个非常重要的好处：

1. 通过预先估计下一步可能的情况，让第一步的执行更坚定，更清楚地知道在摸索和尝试什么；

2. 愿景是创业者的精神动力，如果偏离方向，并且这种偏离不可接受，可以避免浪费时间，可以更换其他的切点路径。

我们去设想一下“红衣教主”周鸿祎最开始创立360的时候是怎么想的。从后面的发展过程可以分析出，周教主不一定最开始就看明白了现在所提的“大安全生态”，但他当时应该看明白了安全这个大方向，逻辑也想得很明白，就是提供好产品免费给用户用，靠流量增值赚钱。路径上最开始只是做了免费的木马查杀工具，快速占领PC桌面用户；然后，第二步做免费杀毒；最后，再做免费浏览器。至此，周教主的第一个阶段的愿景已经实现，路径很完美。

360 最开始的切点，既非常好地满足了当时用户最头疼的刚需，又没有跟当时的杀毒厂商冲突，甚至当时的杀毒厂商是他密切的合作伙伴。比如卡巴斯基还把非常高的代理权限授予了 360。但是，到了第二步，360 自己推出杀毒软件的时候，360 就与这些杀毒厂商直接竞争了，这个时候因为 360 是免费给用户使用，设计了更高层次的逻辑（营收模式、市场运营层面），又已经通过免费木马查杀积累海量用户，导致传统杀毒厂家已经无任何还手之力。整个杀毒行业被 360 几乎彻底消灭，其他杀毒软件现在只在企业级市场苟延残喘。

这是从非常粗线条的角度去看待 360 的发展，也是多级战略的一个经典案例。考虑创业项目的时候，一般都需要比这个考虑更细致。切点分析可以细化到类似于小米所说的 MIUI 最开始的 100 个种子用户这样的粒度，这样能让确定的切点一看就是靠谱的，就是能落地执行的。

5.3 “产品”的切点：核心价值点的最小兑现

从价值创造逻辑的分析结论中，我们可以知道项目的最关键的价值点，产品的切点一般就是只关注这些关键点的 MVP（即精益创业中的最小可行产品），有时候 MVP 甚至只取核心价值里的一个关键点。

也就是说，产品切点只关注种子用户最关键的问题，只做最重要的功能，能不要的功能先不要，考虑功能的逐步演化。

现在传统背景的创业者越来越多，因为确实没有经历过互联网产品的逐步演化过程，也没有完善的互联网基因的团队，所以，这些创业者很多都会选择把第一版的产品外包出去。而一般而言，外包都是依据功能点和工作量收费，因此，这种方式开发的第一版产品都是功能非常全面，创业者拿到手后玩不转的。

每个人都希望自己的产品越强大越好，可是功能越多不等于强大，有时候反而会成为累赘，甚至创业者根本运营不起来。就算费劲地把基础数据填充了，还需要十倍的努力才能前进那么一点，最后就会放弃。

遇到这样的创业者，我都会建议他找经历过完整互联网产品周期的专业产品经理做一些咨询和规划，待产品规划和第一版产品完全确定后，再去找开发外包，这样会避免很多问题。

举个具体案例——创业项目“伊玛目”，他们最开始有一个模糊的方向，是想帮助穆斯林优质产品品牌做一点事情。创始人找了不少的外包公司沟通，转了一圈后，把平台定位为 B2B 和 B2C 结合，功能需求写了近 20 页 A4 纸。看了一遍之后，我们会觉得几乎相当于一个小京东了，甚至部分功能都超过京东。

我问创始人一个问题：“且不说整个项目的开发费用，就算开发出来了，你得招聘多少人、准备多少运营费用，才能把这些功能全部有效地运转起来？”

创始人也是隐隐感觉不对劲，但是不知道怎么办。

后来，智筹帮他定向推荐了几个专业产品经理，通过一轮密集沟通，最后确定一位长期合作，帮他做出产品规划及第一版产品原型。

这版原型几乎只有一个功能，特别清晰简单，而且也在创始人资源和人脉可马上落地执行的范围内，并且，他还能在执行的过程中，不断地沉淀有价值的点，再把这些点迭代到产品中。创始人把新的方向、逻辑、切点在产品经理的帮助下想透后，好像有了一种真正进入互联网的感觉，信心满满地决定加速推进项目落地。

5.4 “运营”的切点：获取种子用户，并且让他们“爽”

最开始的产品和服务因为简单，相比成熟的产品阶段，更需要运营方面的支持，才能让体验完成闭环。

运营的切点最关键需要解决两个问题：怎么获取种子用户？在产品基础上补充哪些运营价值能让种子用户很爽？

种子用户一般是需求最强的一批用户，同时，我们又有渠道和方法去获取他们。

获取方法可以多种多样，最极端的办法是一个一个拉。

据雷军说，小米MIUI最开始的100个用户就是团队一个个拉过来的。人人网的前身“校内网”为了拉最开始的一批用户，在校园里搞活动“注册账号送鸡腿”。

淘宝网最开始切入市场的时候，产品是做成免费的 C2C（个人对个人）商城平台，功能和交易模式以拍卖为主。上线后打了不少广告，发现用户增长和交易量未达到预期，尤其是卖家的数量不达标。后来，他们做了一个重大的调整，就是把义乌小商品城的商家作为重点运营的一批卖家，并由此对产品也进行了调整，逐步转为直接售卖为主，终于顺利完成了冷启动。

对于种子用户的需求，有时候除了通过产品功能去满足外，创业者在初期还可以更大胆地结合人工手段补充产品的价值，这样也可以避免陷入产品开发的功能选择困境里。

这种人工手段既可以理解为产品逻辑的一部分，也可以理解为通过运营方面的支持补充了产品价值。

举个例子，中国版 Magic 产品“神猪”，是一款提供按需私人助理服务的手机应用软件，用户通过文字或语音的方式进行提问，由 App 智能完成相应的服务。

神猪覆盖数百种生活服务，可以帮用户查天气、叫外卖、订餐位、买车票等。

这个产品有一个关键的难点，就是通过技术和算法智能地识别并处理用户的自然语言所表达的需求。一般而言，创业者会自然想到需要开发人工智能的一系列技术，可能开发周期得以年为单位，而且人力成本相当高。

但是，其实这个项目的MVP可能根本不用这么做，第一版完全可以用人工来代替人工智能完成响应，也就是最开始的产品功能可能就是让用户表达需求，人工收到后快速给出反馈，这样的功能开发最快几天就可以上线。

随着对用户需求的沉淀和归类分析，逐步把越来越多的需求用算法自动化去处理，降低对人工的依赖。这样的项目人工服务可能永远不能完全去掉，但是，在占比上可以一直下降。

5.5 为什么有的好切点投资人却敬而远之?

我曾经接触过几个切点非常好，有的甚至数据增长已经很漂亮的项目，但是，它们拿投资的过程并不顺利。

比如，有个App项目，从14—25岁的年轻人切入，以轻游戏的方式做轻社交，上线后，数据增长非常漂亮，推广半年左右就做到了百万级用户，并且实现了赢利。

创始人拿着商业计划书跟一些机构投资人聊过，融资进展不顺利。经过沟通发现，创始团队对自己的项目真正在哪个地方积累价值认识得不够深入，一旦找到问题，创始人很快做了调整，觉得自己的项目更牛了，再进一步地接触投资人的时候，明显发现聊得更加深入了。写这个案例的时候，这个项目虽然还未融资到账，但是已经有非常明显感兴趣的投资方了。

为什么会这样？不是说数据漂亮、团队优秀，就很容易拿到投资了吗？ 要分析原因，主要是这类案例一般都是创始团队靠直觉不断摸索出来的，有时候会有一些误打误撞、碰到好运气的感觉。创业者对为什么能获得这么好的数据，其实没有特别深入的认识，简单来说，就是“我也不知道为什么发展这么好”。项目的方向和逻辑的核心到底是什么，创业者并不见得去深入思考过，或者想过但是没有想明白。

这样带来的问题，很可能就是长远发展中比较容易遇到天花板和瓶颈，也就是整体的故事讲不明白。这种情况下，自然投资人也不敢投了，因为他担心投了，数据不知道啥时候会停止增长，甚至跌下来。

思考 & 自我诊断

1. 我的项目怎么冷启动？相应的产品、运营切入点分别是什么？

2. 切入进去后，再进一步的关键演变是什么？要哪几步才能达到项目的愿景？

第 6 章
CHAPTER SIX

团　队

团队成员的背景和过往经验重要吗？

为什么找个 BAT 的人才，反而把项目做死了？

团队“够不够”？

15% 通过第四步“团队”验证

- 所需核心能力与过往能力相符，而不是严格的背景相符。
- 是不是团队内心真正喜欢，即创业动机、心态。
- 从投资角度，需要最优解；从创业角度，关键还是把逻辑搞透、团队够用。

相信世上没有傻子，能合作到一起是因为有结合点。
比忽悠能力更重要的是精准找到团队成员个人发展需求的能力。

本章案例索引
1. 拉勾网
2. 某钢琴教学项目

方向、逻辑、切点一旦确定，真正落地，则需要配置相应的执行团队。创业者作为发起人，往往决定了前面三步的选择，但是，要真正执行好，则需要依据方向、逻辑、切点来搭配整个执行团队。

我们不要把团队等同于创始人，团队包括确保切点执行到位的整个执行人员组合，可能由创始成员（创始人及联合创始人）、合伙人、围绕切点所需要的第一批员工、合作伙伴、供应商等构成。

团队需要判断的是“够不够”，也就是我至少要搭建一个什么样的执行团队，才能让第一步落实好，把各个关键环节执行到位。如果团队够用，创业者会感觉跑到下一两个阶段是比较“可控”的。

执行团队是一种能力组合，不等同于经验和背景组合。

我们可以从“要把事情做好”推出需要哪些关键的能力，再依据能力判断需要什么样的人。

事实上，有很多案例，创始人没有与项目方向直接相关的经验，但是他把项目运作得很好。

举个例子，拉勾网现在已经成为垂直互联网招聘方向的知名平台，创始人是马德龙、许单单、鲍艾乐，我们可以看到，这三个人没有一个人之前是有过招聘和人力资源经验的。那为什么把拉勾网做得风生水起呢？尤其是早期阶段，增速非常快。

我们从能力组合角度来分析，对于一个垂直招聘平台，要走好第一步，所需要的最核心能力是什么？能带来新体验的产品是基础，马德龙是技术和产品出身。但是，要把拉勾网真正从综合招聘平台如智联、51job 等一统天下的格局中“独立”出来，树立一个垂直品类，最关键的能力还是把用户的注意力吸引进来，即通过业务拓展、公关活动等手段快速拉来人才和互联网公司。而这方面的能力则在许单单、鲍艾乐身上体现得很突出。另外，再加上快速地融资，借助资本的力量，拉勾网很快初步地站稳了垂直品类的地位。

经纬创投做过一个专题分析——《最牛的事情都不是“行业里的人”做出来的》，里边提到很多“跨行业创业”的成功案例，创始人根本就是“圈外人”。比如，Airbnb 的创始人 Brian

Chesky是设计师，似乎跟Airbnb的业务没啥关系；YouTube的创始人Chad Hurley是艺术和视觉设计师，因为想帮PayPal设计logo而加入PayPal，工作三年半后离职创办YouTube；等等。

《颠覆式创新》里试图总结过成因。大致的意思是说，你在一个行业里待得很久，会形成固定思维，你还有可能被你的上下游利益绑架，这些都让你无法做出大胆的改变。而那些新来者则不一样，他们有可能从自己的兴趣、使用体验与产品角度出发，正是因为他们不知道“水的深浅”，也往往带着一股“蛮劲”，反而更容易成事。

这些创业者与他们所创立公司成功的、最重要的纽带应该在能力、思维方式、性格特点层面，而不是经验和过往的背景。

创业本身就是一路打怪、不断见招拆招的过程，我们应该关注更重要的能力构成、思维方式、个性特点等因素，而过往的经验、背景不见得是正面的推动力，搞不好还会成为障碍。

6.1 别迷信 BAT，小心被玩死！

我们经常听投资人说，我们投的是团队，团队好、项目不好，也可以投，因为项目不好可以换，好的团队却可遇不可求。这样的说法传多了，就又让人产生了误解，让很多创业者去追求拼凑所谓的“好团队”，比如多少人来自 BAT 名企，多少人来自北大清华，多少人是总监级以上、几年经验以上等。

诚然，优秀的、能力强的人也是项目投资价值的一部分，站在投资人的角度，如果在看同一方向，类似的价值创造逻辑，一定希望找到市场里最优秀的团队来投资。

不过，这需要在同一起跑线上去衡量，如果创业者看到了机会，马上动手，因为先期进入的优势，则可能等更优秀的团队想做的时候，自己已经形成了一定的竞争能力。

反之，如果一定要等到凑齐所谓豪华团队再动手做，则可能会错过机会。

有个创业者准备做钢琴教学方向，以 App 形式帮助初学者快速入门，更加方便他们学习，App 可以成为一个虚拟的老师。创业者是做了十多年钢琴教学的专家，教学方法得到了验证。他希望借助互联网的力量，能让这套教学方法得到更大范围的应用。接触了一些投资人，有一个谈得非常深，也非常感兴趣，但是，投资人给他提了一个要求，找到另一个技术合伙人就投资，这个合伙人最好有 BAT 等知名互联网公司背景。

创业者通过多种方式寻找这些人才，跟很多知名互联网公司的人才交流，想说服他们加入，也有几个人看好这个项目方向。但是，别人一仔细了解项目的进展，发现项目只有创始人一个人跟进，投资也没到位，因此迟迟没有人才愿意加入。

就这样拖着拖着，快一年过去了。直到有一天，创业者发现苹果商店里出现了一款跟他想法几乎完全一样的产品，在这种情况下，投资人就更加不愿意投了，创业者只好暂停这个项目。

另一方面，已经在大公司做到管理层的人才，有些已经习惯做做架构设计、搭搭团队、指挥指挥，不愿意再亲力亲为去做琐事，而创业从 0 到 1 的过程，最开始显然不能这样。

吸引这样的人才加入团队，无论是成为合伙人，还是作为第一批员工，更大的可能性是弱化团队的执行力。

6.2 团队，先够用，再优化！

我们知道创业是一个螺旋上升的发展过程，融资轮次上也有所谓的种子轮、天使轮、A 轮、B 轮、C 轮、IPO（首次公开募股）等，配置执行团队的时候，重点考虑当前阶段和下一个阶段初期的需求即可，配置太超前，有时候会适得其反。

执行团队由创始成员、合伙人、员工及合作伙伴构成。项目发起时的几个合伙人属于创始成员。后期也可以再吸收其他合伙人，给以一定的股份或期权。

依据价值创造逻辑的分析结果，可以找出最关键的价值支撑点。这些点最好是合伙人的角色来负责。因为这些人的能力、资源往往会决定了项目的竞争力，通过发展为合伙人，可以降低现金支出，同时又形成长期利益绑定。

这些人同时对项目融资起了关键作用，也是投资人最关注的核心团队，机构投资人一般会要求除创始人外，至少应该有另外一位互补的合伙人。

如图 6-1 所示，最开始的创始成员、合伙人尽量超前配置，但是，对方一定是认可长期价值，愿意一起拼命的人。这样的人可遇不可求，不要等着他们到位，而是在做的过程中不断吸引他们。

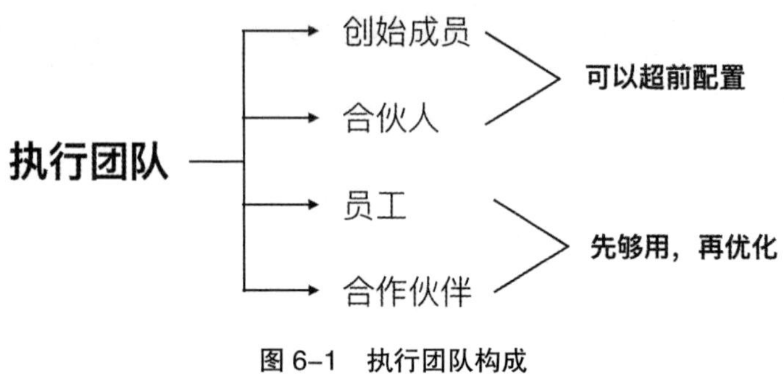

图 6-1　执行团队构成

而员工、合作伙伴则是够用为主。把这个阶段及下一阶段初期所需要的最关键能力的人先找齐，把当前这个阶段最关键的问题先解决掉，等你跨到下一个阶段的时候，项目的吸引力随之上了一个台阶。

比如，天使阶段很难招聘到总监级以上的技术人才，但是，到A轮就马上要容易很多。因为这些人才选择的机会成本比较高，在A轮之前加入，需要下非常大的决心，全职加入可能也没有充分的施展空间，也不想去经历已经走过的一些摸索、尝试的过程。

因此，组建初创团队可以用更加灵活的方式，充分地组合各种办法，以快速地解决当前阶段的问题为主。这个过程中，如遇到非常不错的超越当前阶段需求的人才，可以考虑以合伙人的方式吸引对方，就算其暂时不能马上加入，也可以建立自己的跟进列表，说不定项目再发展一段时间，对方就可以下决心加入了。

6.3 如何组建初创团队？

有人说，应该找“三友”一起创业，三友就是“校友”（同学、师兄弟）“朋友”（同事、好友）“亲友”（亲戚、亲属），因为与这些人都有非常强的信任关系，创业会磨合得比较好。

能在这个范围内找到，当然是优选，尤其是联合创始人和合伙人。但是，一般仅仅通过这些渠道还不够。

如果我们已经把需要超前配置的人、只需现在够用的人，以及需要快速解决的问题明确后，组建初创阶段的执行团队就可以动用各种渠道，尤其是弱连接的渠道。

超前配置的人主要靠推荐，或偶然碰到，或先合作再转化为全职。

找现在够用的人主要靠招聘，包括智联、51job、拉勾网、

BOSS 直聘、各种垂直专业论坛、社区等。

需快速解决的问题可以结合各种合作伙伴的力量，包括请顾问、找外部合伙人（合伙制外包，也有的叫技术孵化、技术天使）、租人才或临时找兼职人员等。

还有很多创业阶段所需解决的问题，已经完成了互联网化的过程，例如云服务器、云呼叫、云存储、SaaS 型各种管理软件工具等。这些都降低了创业门槛，减少了人员招聘的压力。

尤其值得注意的是，随着智力服务与互联网的逐步深度结合，智力服务的产品化、平台化、垂直专业化已经进入一个高速进化的过程，这样让创业者去组合外部智力服务来完成创业的过程，会逐步变得越来越靠谱和可控，并且性价比高。

通过这个方式要特别注意的是，如果创业者自己不懂相应的专业，则应借助中立的第三方平台来监理完成整个合作过程，第三方监理需要从合作方推荐和选择、支付托管、交易过程关键节点设计、风险控制、交付结果界定、争议协调和处理等角度提供专业的帮助。

通过类似这样的过程，人才与创业项目建立了实质性的合作，相互了解更深入，也减少了人才的机会成本，随着创业项目的发展，有一些外部顾问逐步转化为全职的合伙人或核心员工。

6.4 不懂技术，怎么选择 CTO？

怎么去筛选有了意向的人才和合作伙伴？对一些跨界的创业者来说，这确实是一个难题。就算是在互联网行业的从业者，比如原来做产品的要去面试做技术的人才，面对跨专业的问题，也会有一定的障碍。

除了我们找朋友来帮忙面试外，有没有一些方法让创业者自己能自助筛选人才呢？

在实践中，我经常给创业者推荐一种被广泛应用的面试方法——行为面谈法。这个方法简单易学又有效，并且，最关键的是，即使不懂专业问题，也可以通过面试过程对人才做出一定的判断。

行为面谈法，简单来说，就是通过要求面试者描述其过去某个工作或者生活经历的具体情况来了解面试者的各方面能力、素质特征的方法。

行为面谈法的基本假设是：通过一个人过去的行为可以预测这个人将来的行为。因此，要用这个方法面试人才，最关键的就是学会如何提问，以及弄明白在回答里要获得什么样的信息。

基本的提问方法是：

1. 您在这个公司的职务或头衔是什么？需要向谁汇报工作？您有哪些下属或需要互相合作的同事？

2. 在这个项目中，你是负责人还是参与者？具体负责什么？做过哪些独立的决策？有哪些关键的成绩是在别人支持下完成的？哪些是独立完成的？

3. 相比其他同事，您哪些做得更好、哪些会弱一些？具体好与差在哪里？有具体的案例能说明一下吗？

4. 当时这件事情发生在什么情景下？您当时是怎么考虑的？为此，您采取了什么样的方法来解决这个问题？还涉及哪些人，其他人为此做了什么？最终的结果是怎样的？

这些提问都有一个共同的特征：深入过去的具体行为事件，并就这些行为事件不断地追问，直到获得具体的信息。

这些具体的信息应符合“STAR”原则，即 S（Situation that existed)，T（Task or problem to be undertaken），A（Action taken by yourself）和 R（Result what happened），也就是对每一个场景或事件，要讲一个具体的小故事，包括：

1. 发生的时间、地点、项目和涉及的人员；
2. 要完成的任务或遇到的问题；
3. 自己采取了哪些步骤或行动；
4. 得出了什么样的结果，取得了什么成就。

这四大方面缺一不可，必须完整。

面试过程中，记录好这些关键的事件。有些非常专业的描述不一定懂，没关系，都记录下来。不懂的其实也可以在面试过程中，直接跟人才说：“这个我不懂，你能简要介绍一下吗？”解释的过程也是人才表现能力的过程。

一旦创业者按照行为面谈法面试多个人才后，对于同类人才进行横向对比，就容易分辨孰优孰劣，也能对人才在未来工作过程中的各种状况做一定预测。在实践中，通过这个方法最终选定的人，不会偏离预期太远。

当然，如果招聘过程中需要严谨地对专业能力进行考核，还是应该请人帮忙，朋友中找不到，建议就请个外部顾问来帮助判断。

思考 & 自我诊断

1. 我的项目从 0 到 1 阶段最需要的核心能力组合是什么？

2. 我自己及创始团队已经具备了哪些？还缺哪些？

3. 缺的能力能否用更简单直接的方式借力？与其雇不到、难合伙，能否租用外部的牛人来加速自己的发展？

第 7 章
CHAPTER SEVEN

竞　争

项目的核心竞争力到底是什么？

为什么有的项目一路领先，有的项目后来者居上？

竞争“大不大”？

10% 通过第五步“竞争”验证

- 竞争推演，而不只是分析现有的，尤其要关注有没有可能被釜底抽薪，价值路径越长越容易被取代。
- 核心资源怎么卡位?
- 价值壁垒。

商战是必然发生的。有资源的玩家死得慢，有价值的玩家不会死，有能力的玩家要么先韬光养晦，要么在战斗中变强。

本章案例索引

1. 分众传媒
2. 某视频网站
3. 去哪儿网
4. e代驾
5. 拉勾网
6. 百度
7. 呷哺呷哺
8. 360

创业项目从开始落地的第一天起，也就开始面临各种直接与间接的竞争，因此，对竞争的分析推演是很重要的一个环节，也是去进一步梳理沉淀项目独特价值定位的过程。

创业从0到1阶段的竞争分析跟成熟市场的竞争分析很不相同，最根本的差别在于从0到1阶段还处于“船小好掉头”的阶段。因此，分析的重点在于创业项目是否有被釜底抽薪的可能性，即当你的逻辑链条中任何一个节点被竞争对手卡住，对你来说是不是致命的。比如，滴滴推出代驾服务后，对e代驾来讲，就是一个沉重的打击。

另一种情况是当你的逻辑链条较长时，其中的一段被截掉，由竞争对手去做，那么会不会影响你自己？就好像拉勾网、Boss直聘将猎头从企业和个人之间除去，与猎聘网、猎上网尊重猎头价值的模式形成直接对立，这时候，对猎聘来讲是不是毁灭性的打击？

答案是否定的，猎头有猎头的价值，个人和企业之间的匹配代价太高，只靠机器算法难以将人岗匹配做到精准和极致，还是需要人的服务。或者是技术与人的服务结合，通过搭建“平台+服务”的体系，让猎头的工作效率提高，实现快速对接、匹配。

因此，竞争大不大直接决定了团队要不要按预想的“方向、逻辑、切点”跑。竞争太大，可能会需要团队调整逻辑和切点，或者快速地占领资源（包括资本、用户、市场、战略资源等），也有的项目通过韬光养晦，低调做好积累，减少曝光，避免了过多的直接竞争。

7.1　从 0 到 1 的竞争，其实没那么简单

在从 0 到 1 阶段，往往是各个玩家在市场上分蛋糕的阶段，因此，真刀真枪拼刺刀一般为时过早。

如果是直接竞争对手，未来一定会有正面的冲突，因此，从 0 到 1 阶段需要做的就是为未来打仗做准备。

我们需要从防守和进攻两个方面准备。防守是指夯实创业项目的核心价值和各方面壁垒；进攻则是准备一旦要打压竞争对手，应该占领什么重要资源、准备什么武器。

从防守的角度去分析，我们应该把所做的方向上可能有的

其他逻辑、路径及团队组合进行分析，去推演其他逻辑、路径演变的过程，并与我们自己的选择进行对比，以客观动态的视角，评估各个玩家的演变可能性，尤其要分析一个玩家是不是会逐步自然地覆盖其他玩家的领域。

通过防守的分析，我们可以更好地找准自己的定位，如发现在推演过程中，另一玩家可以轻松地把自己的定位覆盖住，则可能需要小心地设计下一步的市场运营、融资策略了。

当然，从防守的角度，还有很多基础性的工作要做，比如申请专利、商标等各种知识产权保护，这些不再赘述。

从进攻的角度去分析，我们需要重点先把自己选择的逻辑、路径中所涉及的关键资源列出来，看哪些部分应该去尽早占领，并形成其他玩家进入的壁垒。

举个例子，分众传媒的创业从 0 到 1 的过程，江南春在发现楼宇广告这个市场空白点后，马上意识到这是一个价值创造逻辑非常简单粗暴的项目，切点、路径也很清晰，需要快速占领物业资源。因此，最开始分众很低调，以最强有力的政策，快速推进与优质物业的合作，并签订排他性的商务协议。待其他玩家看明白分众传媒的玩法时，关键城市的优质资源已经被占领得差不多了，分众已经形成了一定的良性循环，可以以更优厚的政策进一步地抢占其他物业资源。

再来看看另外一个案例。

创投圈子流传着一个未经公开的故事，就是国内视频网站大战前夜，领先方把刚融到的一大笔资金用来全面收购接下来计划发展的二、三线重点城市的主要带宽资源。完成这个动作后，再从市场层面发起动作。这样，其他玩家如跟进，则需要从他们这里购买带宽，成本相比提升至少一倍。经此一战，领先方彻底奠定了市场主导地位。

在所有的竞争可能性中，有几种情况是致命的，下文我们对这几种展开做一些探讨。

7.2 面对巨头，小心被釜底抽薪

投资人经常喜欢问这类问题："你这个项目，如果腾讯做怎么办？""如果百度推出这个功能怎么办？""如果阿里内部孵化类似的项目怎么办？"创业圈有关这类问题的讨论很多，如何回答能说服投资人本身并不重要，重点还是需要考虑清楚如何避免过早地引起巨头们的注意，如果注意到了，如何不被他们釜底抽薪。

BAT 等巨头也在逐步地开放心态，几年前这些巨头对于创新产品表现出的态度往往是抄袭，而现在逐步转化为投资、战略收购等认可创业项目价值的方式。

项目在有独特价值的情况下，其实不怕巨头参与竞争。第一，巨头内部要孵化这样的项目，在决策流程、执行力、执行团队动力机制上很难跟不顾一切的创业者相比；第二，独立创业者在项目上或多或少有一些优势是独特的；第三，巨头真正在意一个点的时候，一般都是这个点的市场规模已经比较大，这样的情况很少会在从 0 到 1 的阶段发生。

但是，巨头的优势在于已经有了非常庞大的用户积累，并且垄断了很多场景入口。因此，最应该考虑的是如果巨头利用用户积累优势，投资了其他玩家或内部孵化项目，把用户资源抢占或垄断怎么办，这样就被釜底抽薪了 。

这种情况下，尤其容易发生在试图把一个需求的场景从巨头所覆盖的场景集合中“独立”出来的时候。

> 例如，上文提到的去哪儿网初创阶段就是从搜索引擎发现旅游搜索的巨大占比，而试图把“快速实时查询对比航班价格”这个需求从各种搜索需求中独立出来。如果当时百度快速跟进，内部孵化完全一样的项目，或许去哪儿网的胜算小很多。

因此，对于可能被巨头釜底抽薪的项目，要么最开始快速积累用户，获得市场认知，快速地把场景独立出来；要么就是果断地判断发展趋势，选择是否与巨头合作或被收购。

在去哪儿网的例子上，这两种方式都被用了。最开始去哪儿网快速独立发展了一段时间，后来百度越来越发现这个市场值得一做。庄辰超意识到这样很危险，很快也就决定了接受百度的战略投资。

在这样的选择过程中，e代驾的执行团队则出现了失误。据传，e代驾在滴滴打车与快的打车合并后，就跟滴滴创始人程维沟通过投资或收购的事情，滴滴也有意向。但是，最后不知道具体什么条件没有谈拢，e代驾拒绝了投资。最后，滴滴上线代驾业务后，通过资本力量以及对用户需求的入口垄断，让e代驾的订单量快速萎缩了至少50%，直接导致e代驾下一轮融资无法成功，进入痛苦的维持和转型阶段。

7.3 路径太长，小心被拿住七寸

逻辑链条或切入路径过长，也很容易发生致命的竞争情况。

在“逻辑”章节我们知道，价值创造逻辑是一个由关键节点构成的链条，这个链条越长，将会让竞争的变数越大。

我们可以这么来理解可能的变数，把关键节点重新排列组合，把某些关键节点去掉，重新调整顺序，多角色之间的关键节点形成新的关系，等等。这样形成的每种可能情况，都有可能诞生一个新的玩家。

拉勾网初期发展比较顺利，但是在 2015 年下半年的时候，市场中出现一个新的产品“BOSS 直聘”，快速地蚕食了一部分拉勾网的用户和市场。为什么会这样？从价值创造逻辑上，拉勾网做的还是求职者与HR（人力资源部）的价值链条，而BOSS直聘把HR去掉，让求职者与创始人或部门负责人直接互动，并且产品也是更极致地采取直接聊天的方式。相当于通过去掉拉勾网的价值创造逻辑链条的某个环节，产生了一种新的玩法，获得了一定的竞争优势。

虽然从长远来看，这样的价值创造逻辑能否持续下去还是未知数，因为随着用户基数增大，直接沟通的价值体验可能会递减。但是，拉勾网将不得不对此有应对。

切入路径太长，也是值得注意的潜在致命风险。你想走的路径，由不同的阶段、不同的关键步骤构成，这些步骤也可能可以通过减少、重新组合等方式形成新的玩法，每种玩法都可能带来不一样的竞争优势。

在“方向”一章我们提过百度初创阶段的故事，最开始百度是给新浪等门户网站提供站内搜索技术的解决方案，后来发现合作遇到障碍，才被迫转做独立的搜索平台。

据传，也有另一个说法，就是搜索技术要体现算法价值，需要大量的内容及用户搜索行为数据积累，初期百度没有内容源和用户，所以想借助门户网站的力量更快速、更低成本地积累内容，并且在门户网站已有用户使用过程的行为上积累优化算法。

如果在这个过程中，有另一玩家不走这个切入路径，投入更多的服务器及带宽资源直接索引全网网页内容，直接推出独立搜索引擎，并通过大量直接的广告和市场推广获取用户，是不是可能会给百度的发展带来致命的冲击呢?

在互联网打车这个领域，因为跟大众生活密切相关，这类产品一上线，很多方向一样、价值创造逻辑差不多的玩家一窝蜂地都上来，但是，切入路径有一些还是不同的，比如“摇摇招车”最开始切入的是私人专车，而滴滴、快的切入的是出租车。

切入路径不同，会直接影响项目的发展速度及发展过程的风险，创业者应该在分析的时候做出对比，选择成功的概率会更高，而又不至于因为其他玩法的演变让自己丧失市场的切点。

7.4 跨维度、跨段位，从 0 到 1 的竞争玩法很多

在“逻辑”一章我们提到有四个层次：产品服务、市场运营、营收模式、资本运作，并且每个层次中也有不同的段位。

经常听到的“高频打低频”“体验更好”“技术更牛”等属于产品服务层次的不同段位的竞争对比。

如果已经确定了产品，通过更高维度的逻辑设计，可以形成不同的竞争玩法。

“呷哺呷哺”现在已经成为一个快餐式火锅消费的知名品牌，从产品服务层次来分析其价值创造逻辑，应该是：通过在饮食方式、原材料供应、流程管理上的重新设计，让火锅形成快餐式消费模式，解决流动

消费人群的高性价比饮食需求。如果仅仅做好这个层次，会跟另外一个同样逻辑的火锅店没什么区别。但是，“呷哺呷哺”还在市场运营层次设计了更高层次的价值创造逻辑，通过直营连锁、集中采购、关键原材料自产等方式，进一步地降低成本、保障品质，形成更强的良性发展循环。

现在如果再有一个创业者简单学习“呷哺呷哺”的产品服务逻辑，很难再跟其竞争了，除非去其暂未涉及，但又有市场的区域发展。

360 切入安全市场，我们从切入路径上做过分析，从价值创造逻辑层次上，可以看到另一层更高层次的价值创造逻辑设计——“营收模式”。当时的杀毒软件市场，正版杀毒产品最多试用一段时间，之后就要收费，要不就是卖终生授权，要不就是按月付升级费。360 在营收模式上彻底改变，一上来就免费。最后把所有在传统产品服务层级竞争的对手杀得片甲不留，稳稳占领了市场领先位置。

需要注意的是，前文已经提过，“免费”并不一定就是一种新的“营收模式”，像在互联网打车领域、O2O 领域竞争的时候，很多玩家都采取免费甚至补贴的方式获取用户，这只是“市场运营”层面的免费。营收模式层面的免费，则是改变了营收的整体逻辑设计，并且还能让整个闭环是良性的。

在资本运作层面的案例就更多了，大家听得也很多，就不再赘述。

因此，我们需要在不同的逻辑层次去推演一下，有没有可能通过设计更高层次的价值创造逻辑，让项目处于优势位置。

思考 & 自我诊断

1. 我的项目方向还可能有哪些玩家？哪些已出现，哪些还没有？

____

____

____

2. 这些玩家的逻辑、切点、团队等几个因素的组合是否可以轻易超越我？

____

____

____

3. 如果我要树立竞争壁垒，最关键的着力点在哪里？是否跟我愿意做到极致的价值创造逻辑是一致的？

____

____

____

第8章
CHAPTER EIGHT

融　资

投资人投资项目到底是怎么考虑的？

除了风险投资，还有什么融资通道？

我的项目真的需要风险投资吗？

融资“成不成”？

5% 通过第六步“融资”验证

- 以下一轮投资人视角，倒推现在应该做好什么。产品、团队、模式验证、运转数据、想象空间。
- 不同阶段、不同类型的投资人，关注点、风格不同。

说服当前阶段投资人的最好办法，是说清楚有拿到下一轮融资的机会和能力。下一轮要达到什么目标，怎么达到，多久达到，直接决定了融资需求。

本章案例索引
1. 徐新投资京东。
2. 轻游戏+轻社交项目。

国内资本市场发展很快，投资人的类型和投资方式也越来越丰富，因此，创业者也是越来越愿意借助资本的力量来实现更快速的发展。

在不同的创业阶段，我们可以补充不同规模的资金和资源，快速向下一阶段发展。创业的从 0 到 1 阶段，一般都是在 A 轮之前。达到 A 轮的时候，应该是要找到“1”的感觉了。

有些创业者觉得有一定的原始积累，或者项目本身有盈利，不需要融资。单独看项目本身，很难判断这样的决策是对还是错。做个小而美的公司，确实也是很多创业者的追求。不过，我们需要注意的是，如果有其他玩家做类似的项目，对方如果跟资本结合得很好，会对我们产生什么影响?

一旦开始分析这个问题的时候，可能会发现大部分项目都对资本有需求。

要判断融资成不成，最基本的思维方式是这样的：**以下一轮投资人的视角，倒推当前应该做好什么。**

为什么这么思考? 是因为任何一种投资行为，都应该考虑其退出或变现方式，而面对当前轮次的融资，如果能从下一轮次投资人的视角去分析判断，则可以把当前目标投资人关心的核心问题找准。

假设项目当前需要融资的是种子轮，我们可以分析一下，如果下一步引入天使投资会在什么时候？需要完成什么目标？需要搞定哪些资源？需要把产品和团队做成什么样？

如果当前是想融天使轮，我们可以分析一下，A 轮的投资人如果要进入，会提什么样的数据指标？会要求我们已经验证好了什么事情？会要多久才能做到？等等。

通过这样的思维方式，最终将非常容易地与当前轮次的投资人进行对话。

8.1 融资，不止 VC 一条路

随着国内资本市场的发展，融资途径已经越来越丰富，应该大部分读者关心的是股权融资，所以，这里只重点讲讲初创项目的股权融资途径和类型。

参与股权投资的投资者，可以分为以下几种类型：

1. **个人投资者**——个人决策判断，能力参差不齐，喜好各有不同。

2. **天使或风险投资机构**——有决策团队和相应的决策流程，一般有比较专业的判断方法。

3. **产业投资机构**——也称战略投资者，希望被投企业与自身主业形成融合或互补。

4. **上市公司**——上市公司直接投资一般都是为了合并财务报表，因此会谋求控股地位。

不同的项目和阶段，需要依据情况寻找合适的目标投资人。比如：资金需求不多或个性很强、还未被主流投资机构关注，往往把目标定为找个人投资人会比较容易；已经成为主流投资热点，并且核心指标符合主流投资机构要求，则直接找天使或风险投资机构比较合适；项目独立发展的风险比较高，但是增长不错，或价值创造逻辑通畅，但是需要借助资源发展的方向，寻求产业投资机构的战略投资比较适合；如果项目希望尽早进入二级市场，不反对上市公司控股，可以直接寻求被收购或换股。

风险投资机构是现在最热的创业者融资方，不同阶段、不同风格的投资机构，其关注点和风格也是不同的。

种子阶段重点关注的就是方向、基本的价值创造逻辑、切入点是否想得比较清楚、创始成员是否靠谱、是否有能力把这个项目做好、团队成员股权结构、股权游戏规则。

天使阶段，则在种子阶段关注的基础上，会增加关注产品做得怎样、种子用户反馈如何、模式是否有了雏形。

A 轮融资则会增加关注核心团队是否已经齐备、可复制可规模化的关键是否已找到、数据是否开始有明显的增长势头。

再往后的 B 轮则需要关注市场如何更快速地占领，C 轮需

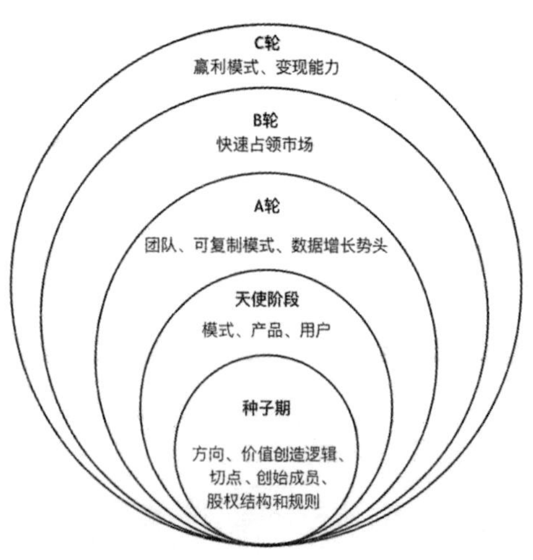

图 8-1　不同阶段融资关注点

要考虑赢利模式及变现能力，越往后就越需要考虑是否能尽快IPO或被收购。不同阶段融资关注点可见图8-1。

从0到1的阶段往往都在A轮之前。按照自己所处的阶段确定好当前阶段重点要做好哪些关键点，可以让我们合理安排精力，让资金也得到最大化的利用。

8.2 怎么做融资计划?

没有融过资的创业者，普遍有个问题，就是不知道自己的项目到底融多少钱、估值多少合适。

当然，每个融资阶段，都有一些常见的融资额度或出让股份比例的范围，可以作为参考。比如种子轮从几十万到百万、天使轮几百万到千万、A 轮一般是千万级等，出让比例种子轮一般 10% 以下、天使轮 10% 到 30%、A 轮 10% 到 20%。

这些都是一般性的数据，要合理地算出自己的创业项目应该融多少钱，在这里不讨论细节的财务预算方法，思考方法应该是这样：**如果创业项目要顺利地跑到下一轮，需要花多少钱？**

这又是一个需要我们从下一轮投资的角度来思考当前融资

问题的理由，下一轮计划什么时候搞定、要达成什么目标，直接决定了从现在到下一轮次要花多少成本。

依据需要花的资金，再除以一般出让的股权比例，则可以算出估值范围。这种看起来不是从项目价值出发的估值计算方法，其实有一定的合理性。在长期的投融资过程中，因为投资方需要让创业者一直有很强的动力去完成整个创业过程，直到资本退出的那一天。而达到那一天一般需要融资多轮，每一轮创业者的股份都会被稀释，这样经过倒推和长期的市场磨合，形成了一些约定俗成的每轮次稀释的一般范围：10% ~ 30%。

在早期融资过程中，估值和出让比例基本也就是依据这么拍脑袋和长期的市场演变约定俗成定出来的。

每个投资机构的投资决策过程，都有自己更专业的估值评估方式，因此，投资机构会对估值和出让比例提出他们的看法。

有时候机构投资人依据自己的专业判断，觉得最好快速烧钱，把用户渠道占领，甚至会建议创业者提升融资额度，相当于提高估值。

例如徐新给京东投资的过程，就有类似的一些细节。据说刘强东找徐新融资的时候说需要 200 万美金，而徐新觉得京东如果要快速做起来，200 万不够，最后决定投资 1000 万美金。当然，提高投资额度，有可能在股份占比上也会有提高，但是，初衷应该还是想帮助创业者快速地发展到下一阶段。

完整的商业计划书包括几大块内容：市场机会、解决方案 / 产品、用户群分析、竞争力和优势、市场规模、营收模式、竞争对手分析、团队、财务预算 / 融资计划等。依据六步思维的分析结果，将这些内容整理成投资人习惯的描述方式呈现在商业计划书中即可。

8.3 如何找到适合的投资人？

确定目标投资人、准备好商业计划书后，找到投资人的方法有很多。国内这几年早期股权投资迅猛发展，有人开玩笑说，现在是投资人比创业者还多了。因此，如果项目优秀，可以坚信一定能找到投资人。

种子轮的融资，可能创业者就只有一个想得还算明白的 idea，这个时候最靠谱的投资人是身边的熟人，即所谓 3F（Family、Friend、Fool），包括家人、朋友及傻瓜。傻瓜不见得真的是傻瓜，但是，投资了确实可能血本无归。

天使轮融资有的是个人投资，但更多的是要找机构投资。我们回顾一下早期投资机构的基本流程：如果你往邮箱里投递了商业计划书，可能是投资经理助理做出基础的判断，硬性条件（一般就是各个方面的黑白清单）满足的话，转给投资经理；投资经理对 BP 做整体的判断，抽出有一定亮点的，转给投资总监；投资总监对项目投资价值进行深入分析判断，如果觉得各方面符合投资标准，则写报告，提交到投委会；投委会一般由机构合伙人级别的人构成，在投委会上做出表决，如也通过，则进入投资执行流程。

从这个流程可知，如果商业计划书没有吸引力，很难进入真正的项目价值评估阶段。因此，如果自己投递商业计划书，就一定要把计划书做出亮点。

另一办法，就是跳过某些中间层次，找到投资总监以上的人进行直接交流。通过公开的场合可以获取一些信息，另一方面主要靠朋友推荐。能跟投资人直接交流，就算拿不到投资，也能获得好的建议。

对于寻求战略投资人的项目，可以通过行业协会、公开公司信息（如上市公司、新三板挂牌企业等）、朋友推荐等方式来找目标投资者。在商业计划书里应该写清楚对战略投资方的补充或战略协同的价值。为了避免被动，**一般应该找相互有竞争关系的多个意向战略投资人，**让自己处于更有利的位置。

如果不直接找投资人，借力相关的服务机构，也有很多的方法：入驻有融资服务的孵化器、股权融资平台等，如需要专业融资辅导服务的，还可以请 FA（融资顾问）。

8.4 暂时融资失败，怎么活下去？

融资可能伴随创业的整个过程，不过，每个阶段融资都有一段集中的努力时间，不要一直在融资这件事情上耗着。比如给自己一个月的时间，如果这一个月没有融到资，应该马上调整计划。

创业不是为了融资，因此，你如果真实地在创造价值，暂时融不到资并不丢人。很多划时代的项目最开始融资也是困难重重，不见得是项目不好，而是投资人还看不懂。

从这个角度来说，暂时融不到资，要不就深度思考是不是项目真的有问题，要不就是让项目继续往下跑，不断跟意向投资人沟通，让他们越来越看明白项目到底是什么、投资价值在哪里。

把目标投资人搞错，也容易导致融不到资，比如前文所述“轻游戏＋轻社交”的项目寻求风险投资机构融资遇到阻碍，但是，寻求战略投资则容易得多。

在融资过程中，不要把投资人的反馈作为行动的指引，而只是作为思考的触发因素。有一些具体信息的反馈，比如团队不够强、竞争太激烈、阶段太早等，这些我们就不做讨论。而另一些反馈，如“你的方向不错，但是，感觉你还没想明白”“方向值得做，不过，好像没什么优势”等，一般都是“逻辑”需要更深度思考的问题；如“你说的都对，但是，这么做起来太难了吧”“怎么快速起量”等，一般都是“切点”和路径的设计还不够有亮点。

针对这些问题，可以参考相应章节的分析来调整和完善。

思考 & 自我诊断

1. 我的项目接下来往后的第二轮融资重点关键的指标是什么？我拿到这一轮融资后如何快速奔向这些指标？

____

____

____

2. 我的项目是更符合风投的胃口，适合战略投资，还是过于超前或小众，更适合个人投资？

____

____

____

3. 我应该选用什么样的融资通道？是直接找投资机构，还是选择股权众筹、预售？ 还是靠朋友介绍？还是从客户中寻找目标？

____

____

____

第9章
CHAPTER NINE

六步思维应用

某个步骤的分析有问题，就意味着项目不能做吗？

为什么分析没问题的项目，有时候也不能正儿八经开干？

六步思维是一个分析和诊断的过程，并不是一个具体怎么去解决创业问题的指南，也不是用来寻找创业 idea 的宝典。

不过，我们在从 0 到 1 阶段的任何时间点都可以用这个方法梳理关键问题，引导我们朝更深度、更根本的方向去思考，问题找准了，解决方案自然也会容易清晰起来。

思考本身不会让创业往前走，因此，无论经过六步分析后有没有问题，创业者都需要开始行动，要么去验证思考，要么去解决问题。

下面我们就从没问题和有问题两个维度去详细聊聊。

9.1 没问题？小心验证，规避风险

如果按照六步思维分析后基本都能通过，则可以认为是一个看起来靠谱的idea，挺不容易的。依据我们的经验，都能通过的不超过5%，基本跟市场上能拿到项目融资或发展顺利的项目总体比例相当。

idea靠谱了，创业者下一步做什么呢？人们很容易就会想到：赶紧做出第一版产品，投入市场。

这个看起来是没有错，确实应该落地了。不过，在做产品之前，需要衡量一个关键因素：我们所构思的idea有哪些假设和前提条件？

假设不成立，可能就是一个项目最大的风险所在。因此，在动手做正式的产品之前，直接验证一下假设，很有必要，这样能把最关键的风险在产品投放市场前就验证一下。

验证假设可以通过各种灵活变通的方式：纯人工的产品和服务测试、静态流程测试、预售活动等。

举个例子，今夜酒店特价的核心团队从京东离职后，准备往 Magic 方向即智能私人助理方向创业。前文我们提到过，这个方向需要非常深入的人工智能技术和算法开发过程。要做出这样的产品，周期很长，成本很高。产品负责人张琦是精益创业的积极倡导者，他甚至觉得先开发一个演示性 App 都没必要（如让用户通过 App 提交文字和语音需求，由后台安排人工满足这些需求，然后用户可在 App 完成后续支付、反馈等功能）。因为他想换个玩法，这个玩法有一些重要的假设和前提，需要先验证一下。

张琦在北京国贸附近找了两座写字楼，开始做一个为期一个星期的测试验证。测试的方法是：在大楼入口处摆放不同的易拉宝，并由工作人员赠送小礼品吸引用户扫二维码进相应的微信群。其中一座楼的工作人员跟用户说："扫码进入后，提任何需求，都有人帮您完成，比如买咖啡、带包烟、想吃水果、订机票等。"而另一座楼的工作人员则跟用户说："扫码进入后，我们会发一些需求到群里，谁来帮忙完成，我们会有相应的奖励。"

就这样，两个群的用户数量很快就数以百计。通过群内管理员引导，需求群不断有人提出各种需求，而服务群的管理员发出不同的激励去让用户完成需求群的任务，比如“谁帮忙去买一杯咖啡，我们赠送一杯同价值的咖啡”等。

通过这段时间的测试，张琦拿到了很有意思的数据，验证他设计的模型，确定他的假设可以成立。

然后，团队完善商业计划书，很快敲定投资人，融了百万美元级的启动资金，开始开发真正的第一版产品——get。

未验证关键假设，就下决心开发产品，一旦投放市场，结果没有获得良好的反馈，对士气会有比较大的打击。如果是一定需要有一个产品形态才能验证的项目，也可以使功能极简，部分甚至可以通过伪逻辑或人工的方式完成。

如果关键假设得到验证，依据“方向、逻辑、切点”的分析结论，**最关键需要做的就是资源的配置**。资源包括创始人精力、团队分工、资金分配及其他资源投入。深度分析和思考的结果，有一个直接的价值就是让我们知道重点应该使力的地方在哪里，让我们知道怎么去排兵布阵，哪里应该放 80% 的资源，哪里暂时可以弱化。像前文所述“傅盛用几百个工程师做手机垃圾清理软件”，就是一种非常有魄力的典型资源配置行为，值得我们学习。

9.2 有问题？逐步分析，各个击破

绝大部分项目在这六步中都是或多或少有问题的，我们来看看不同分析阶段分别用什么解决办法。

在方向阶段，如果发现问题，一般是因为创业者对需求的认识非常粗浅，或者干脆臆想出需求。如果还想继续这个方向，则应该深入目标用户群中，构建一些测试方法，完成对需求的测试和确认。不推荐用调查问卷方式，设计出不带任何导向、能得出客观调查结果、获取足够调查样本的调查问卷本身就是一件很难的事情，千万别通过调查问卷的结果进一步误导了自己。

在逻辑阶段，遇到的问题种类非常多。最普遍的原因还是创业者急于求成、为融资而不是为用户、没有深度思考、不认

为创业应先创造价值而是先赚钱等。调整心态是基础，有意地找一些资深的专家，如成功的企业家、资深的投资人、实战型创业导师等，让他们启发一下思考，是比较有效的解决办法。也就是让他们不断地炮轰你，给你提问，设想可能性。如果请不到这样的人，建议从看得更远、看得更广、看得更细等角度来跳出原有思维定式，也可以有意地逆向思考。

比如前文所述的“轻游戏 + 轻社交”项目，创业者很容易盯着当前漂亮的数据去找结论，换个角度去想想:“再发展 10 年，这个项目会是什么样？”“这个项目适合作为什么价值创造逻辑的一部分？”“现在数据漂亮的根源到底是什么？如果只找一个根本，这个根本是什么？”等。

在切点阶段，发现切点不合适很正常。这个时候，我们应该去判断只是切点问题还是项目方向、逻辑有问题。只是切点有问题，更换切点即可。很多人说创业成功靠坚持，我觉得一半对一半错。在正确的方向和价值创造逻辑选择情况下，不断地尝试新的切入点，这样的坚持是合理而有效的。

如果方向和逻辑就错了，坚持或许根本没有意义。这种情况下，应该尽快转型。

在团队阶段，问题大多出在团队执行力方面。人该换就换，不要犹豫。由于执行力的问题而导致失败太可惜了。当然，如果发现是选择了创始人根本无法掌控的切入点，则应该退回到前一阶段，重新选择。

在竞争、融资阶段，发现问题一般都需要倒推到上一阶段重新做出选择，直至找到问题的根源。

六步分析是一个逐步迭代、循环往复的过程，如果要产出有价值的靠谱 idea，一个完整的分析过程可能要来回进行很多遍。

思考 & 自我诊断

1. 针对自己项目逐步进行分析，发现问题则思考问题根源在哪儿，是没意识到有问题，还是没想透？找到并试图解决它！

____

____

____

2. 发现解决不了，可以看上一步是否要做调整。

____

____

____

3. 如果分析没问题怎么办？

____

____

____

CHAPTER TEN

应用实例

为了便于大家进一步地了解六步思维，我们把日常接触到的几个实际案例及其简要的诊断分析发布出来。

可以看出，这些案例涉及不同的行业领域，分析者不大可能都懂这些领域，因此，我们的分析结果是在不断地问创业者问题的基础上整理出来的。而问题是依据六步思维的步骤和原则而设定，只是在交流过程中，我们会随着创业者抛出的信息不断地深入追问一下。

另外，需要注意的是：

1. 部分内容经创业者建议隐去了某些关键细节；

2. 创业项目迭代很快，在您阅读的时候，可能项目情况已更新很多，因此，书中内容只做分析示例用，不能作为具体的创业建议；

3. 分析结果是简化版，如需要我们为您的创业梦想提供完整的诊断分析，请提交到公众号并留下您的联系方式。

因时间、精力有限，我会在闲余时间对项目进行分析诊断，并就有意思的项目与您进一步交流。

10.1 电商组件化

10.1.1 项目介绍

名称：电商组件化。

阶段：研发阶段。

城市：北京。

简介：将市场上主流的电商类 App 根据业务和特点拆分成独立的业务组件、功能组件和 UI（用户界面）组件。对有自建电商需求的客户根据需求进行组件配置，能够极大地缩减开发周期和成本，同时，最终的产品体验也能更好。同时重点关注主流营销。

你为什么选择做这个项目方向?

1. 看好独立电商 App 的未来。第三方平台（京东、天猫）的流量获取成本逐渐升高，而用户忠诚度很低，很多想经营用户粉丝的有实力商家会选择多平台布局、统一管理的方案。

2. 传统电商软件方模式不重视用户端产品。随着移动电商的兴起、大众消费意识的升级，移动端产品未来会有更多以内容、粉丝经济等模式来引导用户消费，而传统电商软件方（如商派、ECShop 等）提供的方案（大后台，小前端）已经不能满足新兴的市场需求。

3. 目前市场上基于微信、SaaS 模式的电商服务已经有比较厉害的，但是专注于移动电商的 App 还没有领头羊。

4. 有移动端技术方面的优势，也有多个电商项目的经历，团队对电商领域有兴趣。

用户在什么场景下最需要你的产品和服务？这些场景经过市场测试了吗?

市场痛点：

1. 未来想要独立 App，但是传统的方式（外包或者自建）建设成本太大。

2. 传统解决方案不能满足创业者或者商家的电商模式。

3. 外包的方式无法满足客户的运营需求。

使用场景：

想做独立电商 App，但是自身不具备开发能力。而传统的外包方式费用又高，又不专业（什么类型的项目都做），没有保障。

项目的赢利模式是怎样的？

未来我们将按照组件 + 服务费的方式进行收费。

项目有哪些直接或间接的竞争对手？相比对手，最明显的优势是什么？

竞争对手：

App 外包方、成熟电商软件方（商派、ECShop 等）。

竞争优势：

对比 App 外包方，我们专注做电商类 App，同时开发电商通用化组件，极大地降低开发成本，在专业性、费用、周期上有明显优势（总结：我们更具有可规模化）。

对比成熟电商软件方：他们更加重视后台，我们更关注用户端产品体验和营销方面配套的功能组件，也就是说，我们更关注、更重视、更懂移动电商。

你的个人经历中，有哪些能力或经验是项目成功所需要的核心能力或经验?

2008 年开始创业，第一个项目是做在线教育，整个市场对在线教育接受度不高，同时费用不足以支撑，就放弃了。2011 年到 2015 年做了 5 年 App 外包服务。做现在这个项目，核心优势是在这 5 年中有大量的项目实施经历（含电商 App 项目），接触了 500 多个客户项目，了解了客户，同时也了解了 App 外包市场。

团队合伙人有哪些？各自履历如何？你们怎么认识的？

合伙人有两位，我们认识是在 2009 年，那时候我们是同事，后面在一起创业，我负责市场，他负责技术，就这样，我们合伙创业达 6 年。他在技术领域深耕 8 年，经手的 App 不下 50 款。

另外一位合伙人是我的大学校友，目前主要是以资金入股的方式加入。

项目当前已有多少启动资金？除资金外，团队还有哪些资源来支持做好这个项目？

目前启动资金在 ××× 万左右，我们需要优质的代理渠道和市场资源。

现在已做了哪些事情？如已有产品，请提供链接。

已经有电商项目在做，同时在开发二手类的电商组件。

除了资金，你最缺乏哪些人与资源来做好这个项目？

现阶段遇到的问题是很难招到优秀的人才和市场拓展需要有更多的资源。

如要融资，需要融多少钱？花在哪里？

下一轮需要 ××× 万，主要是用于用户产品开发和市场推广。

10.1.2 六步思维简要分析

第一步 方向

把电商 App 的开发组件化，整体应该属于开发工具 + 服务的方向，尤其强调前端 App 的用户体验。

与 SaaS 方向不同的是，更强调私有的源代码及私有的部署。从发展趋势上来说，SaaS 型占比应该会加大，独立部署的私有代码电商 App 应该占比不大。从趋势上没有明显可以借力的地方。

目标用户群是独立想做电商的卖家。

刚需场景应该为：需要意识到必须上独立 App，又想省钱，想快速将 App 开发出来。这个场景比较少，从而导致获取用户比较费劲。因为有独立 App 开发需求而又想省钱，尤其是想在前端 App 体验上省钱，有时候会是矛盾。

需求独立性、直接性：不懂技术的需求方无法直接意识到这种解决方案的好处。也就是说，不是一个直截了当地针对电商卖家的产品解决方案，中间可能需要开发团队或外包公司或创业者自己来作为沟通桥梁。也就是这些电商组件将比较少直接针对最终客户的需求，针对开发者的需求更多。

因此，总的来说，这个方向上的难点会比较多，最终成为一个开发效率比较高的电商 App 专业外包公司的可能性比较大。

第二步　逻辑

从产品服务层次，通过组件化的产品设计，让开发成本降低，这是有明显的价值的。

从市场运营层次，团队在获客能力上没有特别的积累，也没有特别高效的手段。

从营收模式层次，如果设计为组件免费 + 服务费，则还是未脱离外包的收益模式。

资本运作层面暂不做分析。

第三步　切点

产品上的切点是从团队的核心能力积累出发，属于比较好掌控的。不过，市场运营的切入点没有明显的说明。

很难从现在的切点讲出一个往更大的愿景演进的好故事。

第四步　团队

如果需要把这个方向和价值创造逻辑做好，需要团队具备扎实的技术能力，以及批量的获客能力。

从资料来看，团队无系统性的市场运营积累，可能是基于之前点对点的销售行为所做出的项目判断。

第五步　竞争

从资料来看，直接竞争不大。间接竞争、可替代性的选择很多。

需要小心各种 SaaS 模式的电商产品做出非常方便的 App 端，

很容易组件化，但是，他们的后台还是现有非 App 产品的后台。比如有赞等。

第六步　融资

对风险投资来说，这个项目不是一个好目标，因为需求面比较窄，市场空间不够大。所以，引入风险投资不成熟。在现有个人投资的基础上，应快速积累自己的赢利循环，这个项目靠风险投资的方式，先烧钱烧出用户、再去考虑赚钱的可能性不大。

如确实需要融资，建议把方向和价值创造逻辑重新思考，能看到一个更大的市场，讲出一个更大的故事。

10.2 PMGrow

10.2.1 项目介绍

名称： PMGrow。

Slogan： 帮助和见证产品经理成长的社区。

阶段： 已有原型。

城市： 济南。

简介： 产品经理通过分享项目、日志、日常用的原型组件、流程图、PRD（产品需求文档），来建立个人主页。

用已验证的专业维度展现一个产品经理，来解决在招聘、外包中的身份专业性验证问题。

你为什么选择做这个项目方向？

产品界的 GitHub(托管平台)/Dribbble(设计师社区)/站酷。

因为之前做过招聘，所以对如何挑选并验证专业人才(技术、产品、UI 等)有深刻体会，很多时候仅通过面试问答无法完全验证一个人的专业程度，需要通过更细致的作品看到这个人的专业程度和工作习惯规范等。

目前市场上欠缺一个这样的验证和展现产品经理专业性的网站。(对比 GitHub/Dribbble/站酷来看。)

用户在什么场景下最需要你的产品和服务？这些场景经过市场测试了吗？

成长中的产品经理在日常工作中有一个刚需就是，希望通过学习其他原型源文件、PRD 模板来快速完成自己的工作。并且，也希望把自己所做的原型分享给团队成员、用户来测试原型(工作进度)。

还需要通过 SVN（开放源代码的版本控制系统）来管理不同的原型版本。这里的需求已经经过市场测试，得到用户的积极响应。

项目的赢利模式是怎样的?

培训课程抽成、企业招聘广告和付费搜索人才、企业发布项目外包抽成、产品经理付费咨询、书籍销售抽成、其他类型的广告费。

项目有哪些直接或间接的竞争对手?相比对手，最明显的优势是什么?

产品大牛、PMcaff（产品经理沙龙）、在行、知乎。

提供了产品经理日常工作所需的服务，并能展现、描述产品经理专业维度，随着逐步积累，可以形成数据迁移成本高的壁垒。

你的个人经历中，有哪些能力或经验是项目成功所需要的核心能力或经验?

创始人本人就是产品经理，熟悉产品经理的需求。之前加入创业团队负责招聘工作，在北京有两年的创业经验，了解创业从 0 到 1 的实现过程，同时也具备一定的运营经验。

团队合伙人有哪些？各自履历如何？你们怎么认识的？

技术合伙人，PHP（超文本预处理器）开发工程师，技术功底扎实，认真负责，独立或主力开发过可视化货架管理系统及自动补货系统、自主研发的小型 ERP、富群商城、天付支付、电商问等项目。

是工作同事。

项目当前已有多少启动资金？除资金外，团队还有哪些资源来支持做好这个项目？

目前启动资金在 × 万左右，有一些业界的朋友帮忙提供种子用户。

现在已做了哪些事情？如已有产品，请提供链接。

已经实现一些基本服务，比如原型上传、演示、设置凭密码访问等。http://www.yanxingke.com。

除了资金，你最缺乏哪些人和资源来做好这个项目？

产品研发缓慢，需要技术人员来加快开发进度。

缺乏人员进行日常运营推广，以及稳定的推广和合作渠道。

如要融资，需要融多少钱？花在哪里？

××万。其中，××万用于产品开发；××万用于产品推广运营，主要是招聘日常运营和建立稳定的推广渠道；××万用于办公和服务器费用。

10.2.2 六步思维简要分析

第一步 方向

PMGrow 应该属于社区类产品，以直接分享产品经理工作成果为基础。

从发展趋势上来说，互联网相关领域中，产品经理是逐步被重视的一个职类，人群整体数量和质量应该都在扩大。

目标用户群是产品经理。但是，用户应该分为两端，一端是内容的供方，一端是需方。

刚需场景应该为：需方想通过学习和参考其他人的工作成果快速成长，如果一个社区有各种各样的正式工作成果的分享，对于需方吸引力明显。不过，对供方而言，为什么要把这些工作成果分享出来呢？供方有刚需吗？从职业操守上来说，直接公开所有的工作成果合适吗？这些问题值得探讨，创业者未就这个问题深入展开分析。

这些跟站酷、Dribbble、GitHub 不大一样。站酷等直接公开的是设计结果，这些内容本来就是要公开给人看的。github 虽然托管的是代码，但是，更多的是个人作品、开源项目。团队作品可以通过私有托管的方式进行保密，是在开源技术的多年发展基础上诞生的。

因此，供方的分享场景还过于稀疏，需要用各种运营策略去拉动。而如果供方没有提供足够数量的、有质量的作品，对于需方的拉动会很慢。

需求独立性、直接性：如能解决供方的分享动力，通过不断强化高质量产品原型组件、产品设计干货与 PMGrow 的关系，应该可以成为一个独立的需求，也应该是比较直接的促使产品经理成长的方式。

因此，总的来说，大方向比较有意思，但是，供方的刚需场景问题会比较大。

第二步 逻辑

在产品服务层次，创业者先基于工具的价值创造逻辑做了网上演示产品原型的功能，工具的价值创造逻辑与社区的价值创造逻辑完全不同，两者不宜糅在一起考虑。如果想把工具做透，则应该把工具本身当作第一个阶段的核心价值，这个阶段不应考虑社区的价值。因为两者有可能对用户的行为要求是相悖的，比如工具上用户应该可放心上传全部的工作成果，而社区上用户会考虑到这些要公开，则会谨慎分享。

也就是说，是否能从工具必然演变到社区，这中间的鸿沟可能比创业者预想的要大得多。

在市场运营层次，团队在获客能力上没有特别的积累，暂时没有看出特别高效的手段。

营收模式比较绕，暂时看不出跟价值创造逻辑有直接的关联性。

资本运作层面暂不做分析。

第三步　切点

产品上切点是从工具入手，与长期的社区方向关联性还不够直接，真正把工具做透的时候，不一定能朝社区转。市场运营的切入点没有明显的说明。

从资料上来看，相比较而言，建议创业者可以更深度地思考社区本身做起来的根本点。

第四步　团队

如果需要把社区这个方向做好，需要团队具备强大的运营能力，但是，技术的实现是必不可少的。

从资料上来看，团队无系统性的市场运营积累，尤其是社区运营的积累，可能对于如何做好一个社区缺乏真正的把握。最好引入一个在这块有直接经验的成员，这个人的引入可能也会带来对价值创造逻辑、切入点的更深刻的认识。

第五步　竞争

替代性的竞品比较多，如果人人都是产品经理，PMCaff 等增加相应的产品原型、原型组件分享，创业者将很容易处于劣势位置。

第六步　融资

此项目依据当前情况，最关键的还是需要把产品价值创造逻辑弄通，找准让人眼睛一亮的切点（也可以是运营切入点），在此基础上，找个投资人拿一笔种子投资倒是可能的，如果要找机构风险投资，还为时过早。

10.3 资质管家

10.3.1 项目介绍

名称：资质管家。

Slogan：建筑公司办资质，找资质管家。

阶段：已正式上线。

城市：线上：全国市场；线下：北京、河北。

简介：

市场背景

建筑行业存在一种刚需，即资质代办，因为在线下，建筑企业若无资质，则无法进入招投标市场，进而无法投工程。而企业个体若想办理资质，需要两个必要条件：

一、人才，每个专业资质的办理，企业均需要寻找到一定数量的专业技术人才与之匹配；

二、足够的资源保证，建委办理资质流程烦琐，办起来操心、费神。综合考量到以上两个资质办理的必要条件，大多数建筑企业会试图通过中介代办的方式来解决，但是到底哪家中介靠谱、潜在风险怎么控制，又成为一大难题。

市场需求

从建筑企业现行需求场景出发，两类大规模用户群体被锁定：

一、新增的企业，因为每个新增企业都需要办理资质才能入场；

二、已具备资质的企业，这部分用户企业虽已具备资质，但每年仍需消耗大量的人力成本进行资质维护，以免资质被建委吊销。

承上，若以中介公司为原点用户出发，结合线下场景，中介公司则有两个直接需求：

一、拓宽客户（建筑企业）来源渠道；

二、寻找专业技术人才，从而完成客户需办资质与所需人才的匹配。

而对建筑专业技术人才而言，他们需要一个平台来获取建筑企业的人才需求信息。

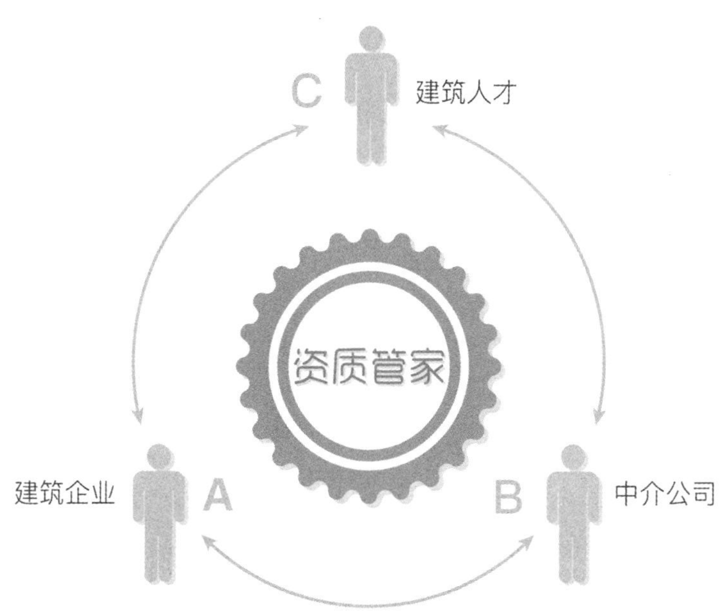

图 10-1　构建“企业”“中介”“人才”三方交互平台

商业业务模式

如图 10-1，实现三方信息连接，构建“企业”“中介”“人才”三方交互平台良性需求供给闭环。

市场潜力

全国施工企业约 320 万家，中介服务机构约 1 万家，建筑从业人才 4960 万，预计市场规模超过 230 亿。目前在“建筑 + 互联网”这个领域，还没有一家绝对优势企业，行业潜力大。且在未来 20 年，中国基础建设仍将维持在较高速度的增长，其建筑市场容量将进一步扩大。

建立建筑服务行业“支付宝”，彻底解决行业服务不规范、扯皮等信用问题。将“建筑企业 vs 中介”的传统交易模式，转化为“建筑企业 vs 资质管家 vs 中介”的互联网模式。

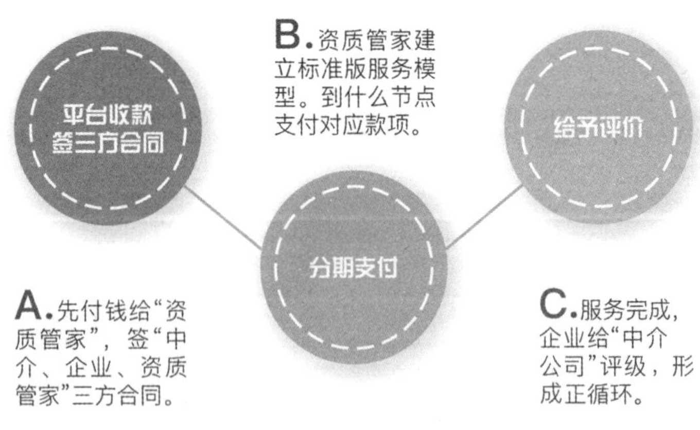

图 10–2

你为什么选择做这个项目方向？

资质管家项目方向为：以线下“企业”“中介”“人才”三方直接刚需性场景需求为产品导向，构建极度垂直于建筑行业资质办理的开放平台，形成三方用户需求供给闭环。

市场痛点：

建筑企业用户的痛点

1 . 若企业自行办理资质，则匹配资质所需的人才难，且建委办理流程烦琐，大量消耗人力、物力、时间；

2 . 若企业委托中介公司办理，则缺乏资质代办中介行业信用横向比对的依据，不知道哪家中介可靠、风险如何控制。

中介公司用户的痛点

1 . 寻求客户（建筑企业）难，不确定哪些企业有资质代办需求，且即使有明确的意向客户，仍存在与意向客户谈判周期长、竞争激烈、行业处于无序竞争等问题；

2 . 寻找匹配客户需求资质的人才难。

人才用户的痛点

找工作难，需要一个平台来获取建筑企业的人才需求信息。

1.建筑行业自己办资质的痛点：
a.匹配建委要求"人才"难。
b.建委流程烦琐，操心、费神。
2.找中介办资质 痛点：
不知道哪家资质代办公司靠谱。

1.找客户难：
不知道哪家公司需要资质代办、和每家建筑企业谈判周期长、竞争激烈、行业处于无序竞争。
2.找人难。

全国有大量建筑专业技术人才，就业难。

图 10–3　建筑行业三大痛点

用户在什么场景下最需要你的产品和服务？这些场景经过市场测试了吗？

根据传统线下业务团队的历史运营数据，加以总结出以下用户需求场景。

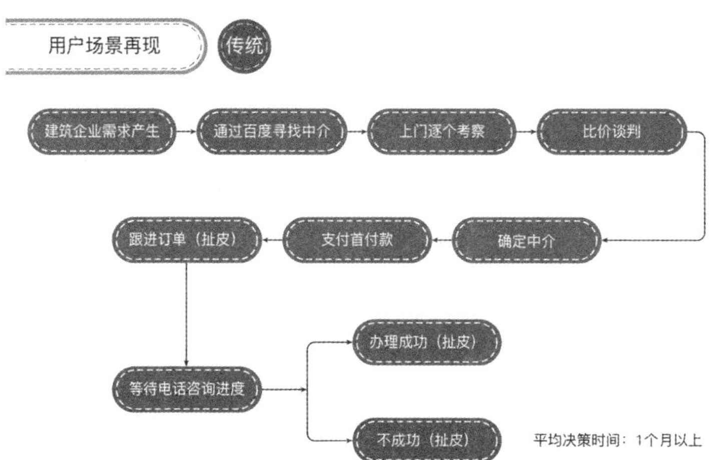

图 10-4　用户需求场景

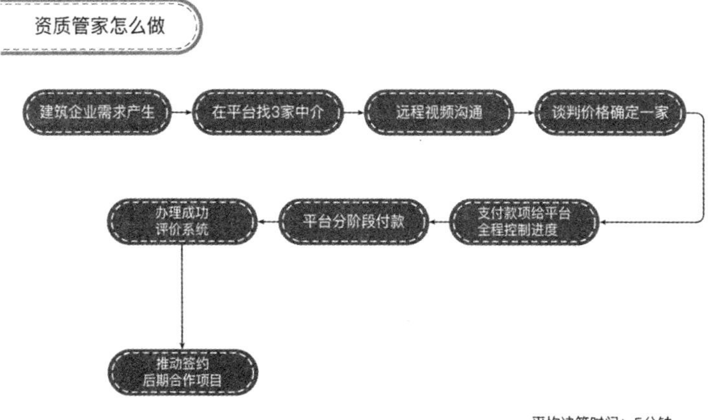

图 10-5　资质管家流程

项目的赢利模式是怎样的？

1. 平台成交订单流水服务佣金；

2. 广告收入、资质代办中介公司平台入驻服务费、会员特权等。

项目有哪些直接或间接的竞争对手？相比对手，最明显的优势是什么？

目前市场上并不存在资质管家项目的直接竞品，关于间接竞争对手“××”的分析如下：

间接竞争对手：××。

现状：单一线下服务模式，线下团队系统庞大（分公司 20 家，员工 800 名）。

优势：资质代办行业的“苏宁”，线下团队庞大，线下业务网点分布广。

劣势：传统导向，缺乏互联网 O2O 思维；业务操作完全依托线下，门店分布决定业务地理范围。

我们具有的明显优势如下：

线下：对建筑资质服务有深刻的理解，60 人服务团队，目前占据北京行业服务市场份额第 1 名。

线上：具备优秀的互联网基因，15 人团队，现已在解决“建筑人才和中介”信息连接上取得阶段性成功；开放平台，以类同“京东”的商业模式重构全国资质办理市场，业务范围不受地理位置限制。

你的个人经历中，有哪些能力或经验是项目成功所需要的核心能力或经验?

创始人敏锐的互联网视角及思维基因，源于他从事中小型互联网企业营销工作期间的经验积累和对互联网行业属性知识的自主学习与挖掘。58 建筑网，作为创始人的第一个互联网创业项目，它以极度垂直于建筑行业的分类信息人才招聘网站模式，现已占据全国建筑行业求职招聘市场第一的位置。

团队合伙人有哪些？各自履历如何？你们怎么认识的?

独立创始人自创自投。

项目当前已有多少启动资金？除资金外，团队还有哪些资源来支持做好这个项目?

该项目启动资金为创始人自有的百万级创业资金。除资金外，以下两方面资源有效推动着项目进行：

主管团队对线下建筑资质服务有深刻理解，拥有精良的线下服务团队，目前线下业务占据北京市场第一；

具备优秀的互联网基因，当前拥有 15 人的互联网体系团队。

现在已做了哪些事情？如已有产品，请提供链接。

现阶段，资质管家 PC 端官网 1.0 版已上线，并根据运营数据不断迭代优化，产品链接为：http://www.zizhiguanjia.com/ ；

现阶段 CRM 后台系统已搭建完成，现为使用维护阶段；

SEO 推广，微博、微信公众号联动线上推广，线下规模化推广并未展开。

除了资金，你最缺乏哪些人与资源来做好这个项目？

缺乏精尖的产品、技术等互联网人才来引导推动项目产品的实现和优化。

如要融资，需要融多少钱？花在哪里？

现阶段该项目由创始人自己投资，暂不需要外部融资。下一阶段，即项目赢利阶段，有千万级的融资计划，用以业务推广扩展及互联网精英团队的壮大。

10.3.2 六步思维简要分析

第一步 方向

资质管家应该属于信息平台 + 交易平台类产品，垂直于建筑行业的资质办理相关业务需求上。

建筑行业当前应该还是属于互联网化还不够深入的行业，信息平台 + 交易平台的综合定位应该比较合适，趋势上交易平台将越来越重要。

平台涉及企业、中介、人才三方角色，从创业者从业经历来看，建筑相关人才应该在 58 建筑网积累、获取，人才方在资质管家项目应该是属于资源被动获取的角色，所以，这里不对人才的需求进行分析。

企业是付费的客户方，刚需场景比较明确，不做进一步分析。

需求独立性、直接性：如果通过综合的市场运营、推广手段，应该可以把需求从当前依赖于百度搜索、电话销售的过程中独立出来。另一方面，企业用户需要直截了当地解决资质办理的相关问题，不一定需要平台作为第三方来加大复杂度，也就是需求的直接性不够突出。因此，应该把中介的信息规范化、获取便利性作为重点，资质代办服务的在线交易符合社会发展趋势，但是，需要一步一步尝试引导。

因此，总的来说，方向还不错。

第二步　逻辑

在产品服务层次，从资料上看，资质管家可以把产品服务层次设计为两个小闭环：第一个闭环是信息匹配闭环，也就是流量的批发和零售，通过各种手段，如百度推广、电话销售、互联网市场运营方法等，低价获取需求流量。然后，通过平台的产品流程如规范的中介服务描述、认证以及点评等，实现对流量的零售。这个闭环可以向中介付出一定的费用；第二个闭环是代办过程的交易担保，也就是建筑企业把费用托管到平台，通过规范的交易流程，让资质代办的过程透明、高效而又避免纠纷。这两个闭环的价值都很清晰，但是重点不同，需要创业者对阶段性重点加以关注。

在市场运营层次，团队除在百度推广、电话销售外，在其他的获客能力上没有特别的积累，这块是可以找到很多方法的。

在营收模式上，如果区分为两个闭环，第一个闭环应该收取偏信息服务费为主的费用，第二闭环才是交易佣金。资料里未看出其他更创新的营收模型。

资本运作层面暂不做分析。

第三步　切点

产品切入点是从 PC 网站入手，对中介公司的介绍、认证、点评等加以规范化，是不错的切入点。市场运营的切入点暂时依赖百度推广、电话销售，可行，但是不够彻底。

第四步　团队

从方向、逻辑、切点来看，把这个方向做彻底，需要执行力很强的线下服务能力、网上推广能力、电话销售能力、市场运营能力。

从创业者经历来看，建议补充市场品牌运营层次的合伙人。

第五步　竞争

最应该小心的竞争对手是类似于知果果、公司宝这样的背景好、执行力强、融资能力强的新对手进入。

避免处于竞争劣势最好的办法，就是快速补全团队，结合资本加速发展。

第六步　融资

未提融资需求，不做详细融资分析。

如需融资，建议创业者把 58 建筑网、资质管家及直营服务团队三者利益关系进行梳理，突出一个重点，作为融资主体。从当前业绩规模来看，也可以考虑新三板挂牌。

10.4　我是艺术生

10.4.1　项目介绍

名称： 我是艺术生。

Slogan：专注于艺术类考生的垂直教育应用。

阶段： 已正式上线。

城市： 北京。

简介： 我们愿做艺术生最贴心的小棉袄，就像我们的口号：你想要的，我们都将实现！

你为什么选择做这个项目方向?

最初是在 2014 年同学聚会的时候，我和高中的一位艺术生小伙伴聊起了高中时期的事情，聊到了他们艺术生的生活，我发现了很多他们意想不到的痛点。聚会结束，我尝试去接触了更多的艺术生。我想象自己就是他们中的一分子，我告诉自己，一定要为这一群体做一些改变。

用户在什么场景下最需要你的产品和服务?这些场景经过市场测试了吗?

我们深知，想做好一个垂直应用，团队必须最懂目标用户。

目前，团队成员已与近千名艺术生进行了一对一的沟通访谈，我们真切地体会到这一群体当前所面对的众多痛点。

举例如下：

1. 尽管是一个对资讯有及时性需求的群体，却往往不能及时地拿到有价值的资讯；

2. 艺考结束，等待成绩的日子里，每天从早到晚刷新招生办官网 300 遍；

3. 想考北影，身边小伙伴没一个一起报北影的，连个能交流的都没有；

4. 跑遍整个城市，拿遍所有培训机构传单，依然不知道选择哪家，真是纯粹撞运气……

项目的赢利模式是怎样的?

经过调查，每为培训机构推荐一位学生，就可拿到 15% ~ 30% 不等的提成比例。每位艺术生都会在考前选择培训机构，这是刚需，而他们往往只是依靠同学推荐、线下传单来了解各个机构，这是他们的痛点。于是，我们计划把赢利点放在培训机构的 O2O 模块中。

项目有哪些直接或间接的竞争对手? 相比对手，最明显的优势是什么?

1. 美术宝

在我们的 BP 中，我已经对"美术宝"做了一些分析。暂不论功能模块细节上的区别及优势，单纯从根本上说，我们的目标用户定位及产品内容定位就与"美术宝"不同，我们的目标市场是"美术宝"的两到三倍，因此，我们的可拓展性也远超"美术宝"。

2. 艺考就过

这一产品目前所处阶段与我们基本一致，他们的主打模块有两个部分，分别是“数据”和“社交”。

“社交”模块他们在初期就已推出，但这是我们所不认同的。我和我的团队认为，在用户基数较少的情况下，不宜轻易上社交，不宜在垂直社区照搬其他社交工具原型。也正如我们所想，目前“艺考就过”产品中的社交模块基本已失败，已形成无黏性、无价值、无垂直性的氛围。

故我们的产品将“社交”这一垂直性强的社交放在 3.0 模块，并更侧重建立报考同一学校的学生间的联系。（模块已开发完毕，只是暂不上线。）

另外的“数据”部分在下一点中详述。

3. 我们的优势、技术壁垒

a. 不管是“美术宝”还是“艺考就过”，他们在初期的噱头之一就是他们拥有的高校数据库。但是目前，在我们的产品中，我们的数据库要比他们两家更多、更全、更新、更准确。

b. 据我们的用户行为分析显示，用户注册后，第一个关注点就在高校数据上。而另外两家的产品，这一模块只是被动浏览或人工推送。但是我们在此处拥有技术壁垒，我们的后台系统随时都在抓取各高校的最新动态，例如招生策略调整、成绩公布等，只要某高校有动态更新，我们的系统会瞬时全自动推送给这一高校的订阅用户。

c. 在线教育模块，我们更贴心、更专业。显然，另外两家并没有在线上教育模块投放太多精力，而据我们调查发现，艺术生在文化课上的痛点远比专业课还要强烈。于是，我们聘请了一批各自都曾带出过省状元的师资团队，独家录制了一套视频课程，并且这套课程不再像其他微课一样讲知识点，我们的课程不讲知识点，而是能通过各式各样的技巧在最短的时间内提高最多的分数。

4. 我们更懂艺术生

我和我的团队坚信，既然要做的是一款垂直应用，那就应该真正去深入这一垂直群体中，纸上谈兵的产品设计在垂直社区一定会失败。

所以，截至目前，我和我的团队已经与上千名艺术生建立了一对一的直接联系，我们深入挖掘他们的痛点，并对需求进行了分析整理。我们有信心也有能力，做出最贴心的艺术生产品。

你的个人经历中，有哪些能力或经验是项目成功所需要的核心能力或经验？

坚持创业梦想 16 年；初一靠 Google 竞价赚到 1 万元；高中放弃文化课，选择信息学奥赛，夺 APIO（亚洲与太平洋地区信息学奥林匹克竞赛）国内铜牌；高三保送失败，用半年时间从零开始学习文化课，考上本科一批。

团队合伙人有哪些？各自履历如何？你们怎么认识的？

CTO（首席技术官），多年前黑客线下竞赛队友。曾就职于国家某情报机构。曾以一己之力在首届百度杯信息安全网络团队对抗赛上拿到全国第 10 名。

COO（首席运营官），高中同学。毕业于北京邮电大学计算机学院。曾独立开发多款 Android 系统 App，目前已转型做运营。

项目当前已有多少启动资金？除资金外，团队还有哪些资源来支持做好这个项目？

上一轮融资为种子轮，××万，于 2015 年 3 月完成，投资方为 ××× 创投机构。

现在已做了哪些事情？如已有产品，请提供链接。

【当前版本切入点】

经过调研，我们将 1.0 版本的核心定位为“内容”。“艺刊”模块为艺术生定制专属阅读，新颖 UI+ 个性化设置，让艺术生在有限使用手机的时间里看得爽。

“高校”模块做最庞大的高校数据库，分分钟订阅梦想高校，最新动态第一时间推送，让艺术生不用再无休止地刷新招生办官网。

“在线文化课”模块直击高考，很多人认为艺术生的痛点在艺考的专业课，其实他们更大的痛点在高考。省状元师资团队独家录制精品微课，不论知识点，只说如何提高分数，让艺术生不断提高文化课成绩。

【现有数据】

产品的 Android 版本已于 5 月 27 日上线，尚未做规模化推广。截至 9 月 10 日激活用户 4971 人，注册用户 3682 人。iOS 版本已开发完成，即将上线。

【下载链接】

http://a.App.qq.com/o/simple.jsp?pkgname=cn.ProgNet.ART

除了资金，你最缺乏哪些人与资源来做好这个项目？

艺考教育相关领域内的政府部门及权威机构顾问。

如要融资，需要融多少钱？花在哪里？

本次融资为天使轮，希望融资 ××× 万元。

60% 将用于 2.0 版本中培训机构模块的地推，我们计划在 10 座城市进行线下培训机构的入驻推广，并在这些城市的高中做大规模产品推广，以期在这些城市中打通整个产品的商业流程；

25% 将用于团队维护及扩张；

8% 用于设备消耗；

7% 为流动备用资金。

10.4.2 六步思维简要分析

第一步 方向

从资料上来看，这个项目有几个方向上的定位阐述：垂直在线教育应用、垂直社区、垂直资讯平台等。

可能意味着团队在方向上还有一些不够明确的地方，从总体的描述来看，团队在加法上做得较多，减法做得不够。

目标用户群比较清晰，是艺术类考生。

因为创业者对需求的描述涉及信息获取、在线教育辅导、找校友、社交等方面，不在一个方向上，无法糅合到一个创业项目当中，应该做出更清晰的选择。个人认为如定位于垂直教育应用，价值可能会更大，市场空间更大一些。资讯工具的价值相对较弱，也符合在线教育不断垂直细分的社会发展趋势。

从需求特性上分析，如作为垂直教育应用，需求的刚性、独立和直接特性都更加明显。

第二步　逻辑

团队对于价值创造的理解有朴素的认知，比如要特别懂用户，从用户内在需要出发等，都挺好的。

不过，我们应该进一步找准在市场上存在的必然性，也就是价值创造的必然逻辑是什么。比如资料里提到通过技术实时抓取，可以为用户提供及时的资讯更新，这个是有价值的，但是，价值不见得很大。这些学生只会在一个阶段关注这些信息。

那整个项目的核心价值是什么？这个价值如何通过一个确

定的逻辑创造出来？如果方向确定为在线教育，通过名师提供更便捷的在线教育途径，或许是一个直接的核心价值。

第三步　切点

团队感觉还在尝试切入点的过程。故产品切入点、运营切入点都还不是特别清晰。

第四步　团队

依据资料，从做垂直社区、资讯角度上看，团队还不错。如果做教育方向，团队可能会缺乏真正对教育尤其是在线教育的理解。

第五步　竞争

建议不要通过加法做竞争比较。

第六步　融资

总的说来，团队还处于种子摸索期，达不到天使投资人所期望的一些关键点。现在融天使稍早了一点，成功概率不大。最好把方向、商业价值创造逻辑再做一下清晰的定位，然后，把产品做出来，在清晰定位上，形成一点点数据。如因为资金问题急于融资，建议也至少把方向、逻辑考虑得更加清晰一点。

10.4.3 最新跟进

该项目提交分析资料到现在已经有半年左右时间，最近已调整到更专注、更直接的提供教育辅导的方向，并获得了新的投资，与我们当时诊断的结论吻合。

10.5 卡车驿站

10.5.1 项目介绍

名称：卡车驿站。

Slogan：聚集卡车司机，整合 2 万亿的卡车后市场消费。

阶段：已有用户积累。

城市：北京。

简介：卡车驿站团队由一群热爱卡车和卡车文化的资深卡车人联合创建，创始人拥有 12 年的卡车营销管理经验，联合创始人也都拥有深厚的卡车营销服务经验，主创开发团队也拥有 10 年以上的 SAP（企业管理系列软件）、CRM 系统结构的开发经验。卡车驿站开发的首款卡车司机专属应用“卡车助手”已经上线公测，已经聚集近 10000 名卡车司机，日活跃用户超过 15%。随着正式版的发布，将正式开始市场推广，同时也将签订卡车后市场商家，为卡车驿站会员提供更加高效和优质的服务。

你为什么选择做这个项目方向？

主创团队均在卡车行业历练 10 ~ 20 年，卡车行业足够大、足够传统，需要互联网优化和改善传统的运作模式，提高用户体验和效率。先从卡车社区、卡车后市场消费切入，逐步覆盖新车销售和二手车交易。

用户在什么场景下最需要你的产品和服务？这些场景经过市场测试了吗？

首先从卡车后市场消费切入，卡车司机尤其是长途司机，经常要到自己不太熟悉的地方去，而到了这些地方，周边有什么服务资源不知道，想找一家放心的商家更是无处可寻。卡车驿站能提供周边商家查询、优质的认证商家以及优惠折扣等。早期用户已经接近 10000 人。

项目的赢利模式是怎样的？

商家会费，佣金提成，自己厂家、商家广告费。

项目有哪些直接或间接的竞争对手？相比对手，最明显的优势是什么？

市面上围绕司机服务的项目很多，但很少有围绕卡车后市场服务的项目。我们的核心团队都来自卡车行业，我们更清楚用户需要什么、商家需要什么，更精准更专业。

你的个人经历中，有哪些能力或经验是项目成功所需要的核心能力或经验？

我个人有 12 年的卡车行业从业经验，曾经服务于行业第一的东风商用车和行业新星中集集团的联合卡车。

职位从产品工程师、市场调查专员、省区经理、大区经理、销售总监、售后总监，一直到销售公司副总，经历覆盖完整的卡车业务链。

属于公司当时最年轻的中层干部、高管。在这两家公司直接带的团队成员中，其核心成员均已成长为公司的核心干部。

团队合伙人有哪些？各自履历如何？你们怎么认识的？

COO，20 年的卡车经销实战经验，北京最大的卡车经销商投资人、董事长，一直合作多年；

技术总监，原汉普软件工程师，东浦软件项目经理，大学校友；

市场总监，三年海外卡车营销从业经验，三大卡车品牌大客户销售经验，以前的部下；

运营总监，多年的卡车技术开发工程师，区域销售经理，销售；

运营部经理，大学同学。

项目当前已有多少启动资金？除资金外，团队还有哪些资源来支持做好这个项目？

早期资金投入 ××× 万，已开支 ××× 万，资金来源多为自筹，自己为厂家做一些卡车咨询策划服务。除了资金以外，我们有着丰富的卡车行业资源和整合能力。

现在已做了哪些事情？如已有产品，请提供链接。

已经开发完成卡车助手 App 公测版上线公测，在各大应用市场均可下载，注册人数即将突破 10000。

除了资金，你最缺乏哪些人与资源来做好这个项目？

最缺乏有互联网运营经验的成熟人才。

如要融资，需要融多少钱？花在哪里？

计划融资 ××× 万，处于 Pre-A，出让 15%，融资主要花在团队的补充和新用户的发展，从 1 万做到 10 万用户，形成初步的商业模式。

10.5.2 六步思维简要分析

第一步 方向

卡车驿站属于垂直于卡车司机的社交、社区、商家展示、优惠信息平台。

卡车确实是一个未被充分互联网化的领域，从趋势来分析，值得做。

从资料上来看，该项目重点解决的需求是卡车司机到一个陌生地方，对周边商家不了解，另外，就是路途无聊，需要社交等需求。

创业者想从社区入手，拉动商家推荐、优惠推送，进而往交易上转。

专注于卡车司机的社区或社交，应该有需求，只是需求不够刚性，用 App 聊天是否能解决路途无聊的问题，需要验证，日活跃用户数据并不是特别突出。

更刚性的点是不是在卡车司机到新城市之后，遇到各种问题，比如修理、保养等，这些需要创业者去深入研究。

创业者也有计划切入交易，但是先以优惠方式表现出来。这个点拉动效应不见得会很突出，卡车是带车消费，移动成本高，优惠的吸引力需要实测，消费应该是就近原则，不会轻易地转化过去。

因此，总的说来，大方向很明确，也值得做，但是具体需求还研究得不够透。

第二步　逻辑

从当前资料及产品来看，主要还是想通过轻社交、提供消费优惠来获取用户，进而引导消费。创造价值的逻辑有些落后，而且不够可靠，没有必然性，可以更大胆、更直截了当一些。

建议要不把社区做透，做出有温度的圈子；要不就是把可靠、有保障的服务交易做透。两者重点完全不同。

从当前数据及增长计划来看，两个点的侧重还是摇摆的，轻社交的显著特征和提供优惠的显著特征都不明显，可能创始团队还在摇摆。

市场运营层面，如果做社区，确实可以创造很多有意思的新价值，比如专注于卡车司机的有温度的社区文化。这块在资料里未有体现。

营收模型及资本运作层面暂不做分析。

第三步　切点

产品切入点从社区入手，可行。但是，如果最终目的是交易，不如直截了当做交易。

运营上切入点还不够透。

第四步　团队

如要做好社区，则缺乏更有互联网思维的社区运营能力。

如果想做好交易，则应该对产品做全新的规划，并围绕交易型互联网产品搭建团队。

第五步　竞争

从资料上来看，竞争暂时不大。

不过，从切入方式来看，如果做社区，应该会有直截了当做交易的对手出现。

第六步　融资

要按照 Pre-A 的融资标准，应该是逻辑已经比较清晰，经历了比较充分的市场测试。项目暂时还未达到这样的状态，因此，VC 机构融资的可能性不大，寻求战略投资或产业投资可能更容易。

10.6 智宠项圈

10.6.1 项目介绍

名称：智宠项圈。

Slogan：智宠项圈以宠物智能硬件服务中国 1 亿养宠家庭。

阶段：已有原型。

城市：北京。

简介：宠物丢失是所有养宠主人的关注点，智宠项圈可以通过 GPS 实时定位宠物位置，并且记录运动轨迹；智宠项圈可以追踪宠物运动量以及体温等健康指标，提供健康图谱和医疗建议。

你为什么选择做这个项目方向？

我爱狗，家里一直养狗，希望能够造福狗狗。

用户在什么场景下最需要你的产品和服务？这些场景经过市场测试了吗？

用户在遛狗时需要智宠项圈，我们做了调查问卷，80% 的养宠人最关注宠物丢失的问题，摩托罗拉在美国已经推出了追踪宠物位置的产品。

项目的赢利模式是怎样的？

第一阶段硬件销售赢利，第二阶段结合电商和 O2O 赢利，第三阶段积累健康数据后，宠物医疗持续赢利。

项目有哪些直接或间接的竞争对手？相比对手，最明显的优势是什么？

海外：摩托罗拉。

国内：小佩、小玄。

智宠团队爱狗、懂狗，具备快速迭代的开发能力。

你的个人经历中，有哪些能力或经验是项目成功所需要的核心能力或经验？

1. 从小就养狗，我爱狗。

2. 曾就职于腾讯，了解互联网开发及运营。

3. 7 年的 IT 咨询经验，优秀的项目管理和企业运营能力。

团队合伙人有哪些？各自履历如何？你们怎么认识的？

COO：33 岁，IT 咨询顾问，丰富的项目及管理经验，对外经贸大学在职、MBA 在读。

CTO：28 岁，全栈工程师，清华大学计算机硕士。

项目当前已有多少启动资金？除资金外，团队还有哪些资源来支持做好这个项目？

自筹 ×× 万元启动资金。

现在已做了哪些事情？如已有产品，请提供链接。

已经开发出产品原型。

除了资金，你最缺乏哪些人与资源来做好这个项目？

市场营销、软件工程师。

如要融资，需要融多少钱？花在哪里？

希望融资 ××× 万，用于硬件打样、试产、App 开发、规模生产。

10.6.2 六步思维简要分析

第一步 方向

智能硬件是非常火的大方向，未来一定有很多宠物使用的智能硬件。因此，大方向上可行。

定位上，通过已有资料及网站介绍，产品被赋予的功能可能要超越儿童安全手表了，这可能是一个危险的信号，最终可能做了很多伪需求。

也就是说，需求的刚性场景其实只有狗狗丢失，项目资料里把很多不大相关的非刚性需求叠加进去了。

第二步 逻辑

智能硬件的基础价值创造逻辑是产品本身一定要切中需求要害，并且体验好、价格可以接受。从这点来说，逻辑自然会比较清晰。

但从硬件切到主人社交、健康监测等，路径还需市场测试，逻辑不够清晰。

第三步　切点

切点有违背初衷的倾向，请谨慎。

建议找到最刚性的一点，先出最小版本来进行市场测试，再逐步迭代。

第四步　团队

团队无硬件产品经验，缺互联网思维的产品规划以及产品运营营销。

从够用的角度上来说，有所欠缺，如实在找不到合伙人，建议多与相关专家交流，增加一个顾问也可以。

第五步　竞争

从资料上来看，竞争不大。

如果主人社交是目的，则可能有竞争对手会直截了当切入主人社交。

第六步　融资

对机构天使或种子基金来说，现在投资风险过高。建议找战略投资人或产业投资人聊聊。建议可以细分一下融资阶段，可以先融几十万的种子资金。

致 谢

ACKNOWLEDGEMENTS

这是我的处女作，按照出版计划，给我成稿的时间很短，主体内容也就花了一个半月的写作时间，而团队工作又特别忙，基本上是挤出周末及深夜的一点时间来写作。因此，这本书只能做到尽可能地把我脑袋已有的东西倒出来，很多地方没有足够的时间去发挥、延展、深挖，更欠缺一些更高层次的提炼和升华。这次写作，无法企及“著书立说”，但是，我希望是一次真诚的分享，把个人的一些体会、思考和积累写出来跟创业者和读者共同探讨。

本书的初稿完成后，发给圈内几十个朋友阅读，覆盖投资人、创业者、创业服务人员以及准备创业的人，获得了大量有意义的反馈，十分感激。名单较长，抱歉在这里无法一一列出，非常感谢各位的鼓励和反馈，让文稿得到了一次次的完善，比最开始的版本优化不少。

感谢智筹联合创始人吕笑，帮我设计了很多插图，也为内容的整理提供了很多帮助。也感谢我的团队，在服务创业团队的过程中，及时收集六步思维应用的反馈，为以后形成更有工具性、操作性的升级版积累了很多素材。

感谢“创研社”策划团队，为书的出版提供了机缘，更重要的是在写作过程中提供了从目标结构、写作方法到内容优化等各方面的帮助，贡献了很多好想法，很用心。同时感谢为本书付出辛劳的编辑、设计、营销等工作人员。

最后，要感谢本书的第一个读者，也是我的爱人 Lisa。写书的这段时间 Lisa 为我的每次熬夜写稿都备好了夜宵，第二天还继续为书稿提修改建议，辛苦了！感谢这个创业浪潮下的时代，感谢为本书提供了借鉴素材并启发了我更多思考的所有创业者，是你们共同成就了这本书。

读到这里，如果能引发你重视并研习思考，

本书的使命也就完成了……

THE FAILURE

LESSONS